U0922884

梁晓声
作品

中国文化的性格

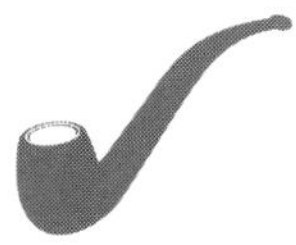

梁晓声－著

中国出版集团
现代出版社

目 录

·第三章·

文学即人学

·第四章·

文明意味着什么

自序

其实也谈不上是序，只不过觉得，应向读者做一下说明。

如我一样出生于1949年的人，直至20世纪80年代末，所接受的传统文化知识委实是很少很少的。既无家学影响，也没在学校教育中较系统地学到过，更无幸结识过国学知识渊博的人——而且长期在不知不觉中，早已形成了“古代的那是封建的”“封建的便是糟粕的”之错误认识。关于传统文化，在我这儿，确乎的，一向只不过是唐诗、宋词、元曲再加上人皆尽知的神话传说、典故、经典文学名著而已。

我决定自我补课，也确乎是成为北京语言大学教师以后的事。身为中国文化知识分子，还在大学从教，对中国传统文化一知半解，那就很难说自己文化综合素质够格了。

但我也并未进行全面的系统的自我补课，那已做不到了。而是以看“闲书”的方式，片片断断地自我补课，再将碎片化的知识，尽量连缀起来。

已有定论的灿烂的成果，已成共识的观点，在我这儿，无非接受便是。但对某些古代文化的、文学的、文艺的现象，补课过程，必然会心生出个人想法，于是有所记录。

故可以这样说，此书只不过是一个对传统文化自我补课的人，其公开的心得笔记而已。那么，错误必在，但我愿做一个知错就改的人……

2018年4月15日 于北京

第一章

中国历史的文化特质

文化的好与坏

中华民族，历史悠久。依我看来，至 1912 年清朝皇室发布逊位诏书前，史况本质上是一样的——国乃皇家“天下”，人乃皇权统治下的“子民”，百姓创造之财富任由皇家收缴、支配甚至穷奢极欲地挥霍。区别在于，仅仅在于，若子民幸运，生逢好皇帝亦即所谓“仁君”在位的年代，并且无外患，无内乱，朝廷由贤臣良将组阁顶层领导班子，再加上少有大的自然灾害发生；那么，百姓得以休养生息，百工得以蓬勃发展，士人安分，商贾活跃——便会被史家说成是“盛世”了。

古代的史家与近代的史家很不同的一点在于——前者对“仁君”“明主”一向歌功颂德；后者则大不以为然，再三指出皇帝就是皇帝，都是封建统治集团的头子，“总舵把子”，所谓“仁”与“明”，不过是统治术玩得高超。归根结底，是为了家天下能“千秋万代”罢了。而所谓贤臣良将，也不过是皇家的优种鹰犬。如此看来，“仁君”与暴君、庸君，贤臣良将与奸相恶臣就没本质区别了。

我年轻时是很接受后一种史观的，奉为圭臬，以为是与封建思想做了一切斩断的绝裂。

后来读的史书多了点儿，领会的史观丰富了些，看法有所改变。

这我真的要感激胡适。

他那句“立论总要公允”的话对我影响很大，很深。他似乎在此话之前或之后还加了“要厚道”三字。他的话并非针对历史研究，而是指人与人辩论甚至论战时的态度。他们是对个人修养有很高自我要求的人，认为旨在以文字为武器一心“击毙”论敌的粗暴辩论态度是不可取的，属于江湖上的暴力崇拜行径。

智哉斯言，君子者胡适！

窃以为，对待历史，尤当立论公允；厚道的眼光，反而会更接近史实一点儿。

比如武王创周后的执政表现，确比他号召诸侯所推翻的商纣王的统治人性化得多。而商纣王，则十足是变态的恶魔式的暴君。孔子以“克己复礼”为己任，对弟子们反复强调“悠悠万事，唯此为大”，是可以厚道地理解的。

而刘邦立汉做了“天子”后，也确实与秦二世的暴戾昏聩有别。

包公、海瑞、杨家将、岳家军等等被后世人一再以戏剧、评书的形式歌颂，不能仅以民智愚昧而论。

即使那些治国表现总体上与“仁”不沾边的皇帝及其大小官员，只要在某事上表现了对民的一次一点善举，使民间疾苦从而减轻了些，使社会制度从而人性化了些，也当予以承认、肯定。此种对历史人物的公允、厚道的态度的养成，有益于当代人对当代事之立场的客观。

举例来说，自启夏以降，奴婢现象便存在矣。当时女奴并不叫婢，叫婢是后来之事。至先秦两汉，户籍制度逐渐形成，至魏晋时，已较定型。至唐宋，更加成为国法之一项内容。

那种国法规定，户籍分为皇族、贵族、军籍、民籍、贱籍——分类造册登记。

贵族虽贵，因与皇族并无血统关系，与皇族在法办方面还是有区别的。陈世美只能算是“国戚”，不能与血统上的皇亲混为一谈。若他是皇帝的亲兄弟，亲子侄或叔伯之亲，包文正能否真的铡得了他，或还敢不敢铡，也许将是另一回事了。封建之所以谓封建，血统是至上的。至上到什么程度？老婆那边的亲戚，该杀那也是按倒了就杀的。理论上国丈杀得，皇帝他爸的毫毛是没人敢碰一下的——除非得到皇帝的授意。而皇后的三亲六戚若犯了法，该怎么处置，全看皇帝对皇后的宠爱程度。

再说古代的户籍——士农工商皆属民籍。农业之国，国税主要依赖农民缴纳，故农民的重要性排在工商前边。士人中出

“干部”，出皇家倚重的栋梁之材，兹事体大，虽同在民籍，地位突显。

而所谓贱籍，从唐宋至元、明、清，成分越来越芜杂。到明晚期，已细分为官户、杂户、乐户、疍户及堕民等种类了。

官户并非是指官员的户籍，而是指户籍虽直隶“农司”，但身在官府，听命行差于大小官员的下等民，多为战俘后代；地位比奴婢略高，却也高不到哪儿去。他们只能在相互之间婚配，不得娶嫁“良人”亦即士农工商，违者杖百。没有武松那等抗击打的功夫，不被活活打死才怪了。

杂户乃指被判以“谋反”“降判”等“政治”罪名的人的后代；后代的后代亦在其列。

北周建德六年（公元 557 年）曾颁诏书，谓“一从罪配，百世不免，罚既无穷，刑何以措。道有沿革，宜从宽典。凡诸杂户，悉放为民，配杂之科，当永削之”。

“革”自然就是改革。这“道统”的改革自然是进步。我们今人偏不以为然的话，那么今人又成了什么人？

北周的“天子”以为仁心一发，天下“自此无杂户”矣。

哪里有他想的那么简单！

到了唐朝，“道统”又复原了，依然规定“杂户不得与良人为婚，违者杖一百”。并且更严了，“良人娶官户女者”，亦将受严惩。却也留了一线希望，若有忠义表现，侥幸获得赦免，可跻身平民行列。

此外还有驿户——因亲属犯罪逃亡而被发配到偏远驿站的服役者。

营户——被强迫迁徙并从事营造苦役者。

乐户——罪犯亲属中有姿色和艺术细胞者，被选中为官为军从事声乐服务的男女，女性自然也得奉献身体。乐户之地位与官户同等，也只能在同类中自相偶配。

疍户与九姓渔户，唐宋以后从四川、云南迁徙到两广及福建的草民，无土地，世代居水上，以船为家，善潜海取蚌采珠，主要以打渔市鱼为生。他们中每有途穷路末，自卖为奴者。

从事优伶、舆夫、吹鼓手、剃头、抬轿子、演戏、说书等职业者，都被认为是沦落之人，户籍与丐户归于一档。元、明两朝，男不许入塾读书，女不许缠足（反而是幸事），自相婚配，不得与良民通婚姻。“即积镪过万，禁不得纳赀为官吏”——这种情况，延至清代；出身铁定，绝不可变。

清朝出于满人自身的尊卑观点，对以上等级制度又有添加，连衙役皂卒也归入了贱民之列，严格禁止他们的子孙参加一切仕考。所谓皂卒，穿黑衣的使唤人也。衙役的后代即使已被过继给良人为子，仍不准应试。而良民一旦被招募为衙役，其身份也便由良而贱。

清代刑律规定，奴婢伤害平民从重处罚——奴婢殴良人者，比凡人罪加一等，“至疾者，绞；死者，斩。”如奴婢殴“家长”，属弥天重罪——不论有伤，无伤，不分首从，“皆斩”。

清代依然禁止“良贱通婚”。

康熙二十四年（1685），朝廷就八旗内部放奴为民颁发条令：凡八旗户下人家，倘若出于自愿，可以“恩准”奴仆还自由之身。随后，又将此条例推及汉官。且明文规定，获释奴仆“准与平民一例出仕”。

康熙不愧为英明统治者，他此决定，为清朝的统治赢得了好口碑。

雍正五年（1727），朝廷又下诏，允许部分表现有功义的贱民脱籍归良。诏曰：“朕以移风易俗为中心，凡习俗相沿不能振拔者，咸与以自新之路，免至污贱终身，累及后裔。”

乾隆三十六年（1771），续颁“新法”——即使那些籍在疍户的和堕民，若经四代“清白自守”，亦可入平民籍。

于是，有助于我们明白，何以清灭明后，在不甚长的时期内就基本稳定了统治局面——靠的不仅仅是镇压。而元灭宋后，对汉人全无德政可言。故，清比元的统治期长久得多。镇压与怀柔并举，努尔哈赤的后代们，在此点上比成吉思汗的后代们略胜一筹。

为什么要回溯这些史事呢?

盖因与中华民族的阶层谱系有关耳。

古今中外，所谓文化，确乎的，从来都打上阶层的烙印。而社会进步的一个标志乃是——阶层文化的烙印越来越式微，文化品质的一致性越来越成为大方向。进言之，即——社会地位不同的人们，经济基础不同的人们，在文化方面却越来越难以分出趣味之高低；所谓“上等人士”未必同时便是文化优上者，所谓“下里巴人”未必不是“腹有诗书气自华”者。而大多数人，只要愿意，不但是文化受众，还完全可以是好文化之提供者、传播者。

知识分子间有一种观点认为，文化总体而言都是文化，并无好与不好之分，所谓好坏，无非是一部分人为了实行对另一部分人的文化操控而鼓吹与推行的利己标准。君不见某一历史时期的好标准，星移斗转，“道”变人变之后，于是被证明为不好，甚至被证明是很坏的文化了吗?

此种现象确乎不乏其例。

但本人认为，不能就此便得出文化本无好坏之分的结论。

人是感受系统丰富的动物。连细菌对人亦有好坏之分，何况与人的思想、精神和心理关系密切的文化呢?

某种文化彼时代被奉为好文化，此时刻被质疑、否定、颠覆，归于不可取一类——为什么会这样呢？还不是因为人们的文化评价水平提高了，能够以好的文化标准来衡量了吗？人类已经与自身所创造的文化密不可分地“相处”了几千年了，若在文化品质上至今仍不能区别好与不好，人类岂不是太可悲了吗?

一句“民为贵”抵过半部《道德经》

1912年2月12日，清皇室发布了逊位诏书，声明“特率皇帝将统治权公诸全国，定为立宪共和国体，近慰海内厌乱望治之心，远协古圣天下为公之义。”“亲见郅治之告成，岂不懿欤。”

诏书是“大内”一等笔杆子所作，文采俊隽，有一吟三叹之韵，含催人泪下之情，端的属于极品美文，可与诸葛亮的前后《出师表》有一比。仿佛彼们自打入主汉家，朝朝暮暮与普天之下的子民心往一处想，劲往一处使，不但同舟共济，而且亲如鱼水一般。似乎彼们的弃权，是一百二十分对不起老百姓的内疚之事。

清朝的完结，不但是古老的封建国体之崩溃，也是封建文化之文化中心地位的动摇和丧失过程。封建国体与封建文化，如蛤蜊的双壳，是缺一不可的“配套”。比作蛤蜊而非蚌，是因为壳内绝对不会产生珍珠。

清朝在中国历史上并非罪孽深重的朝代，起码不比此前任何一个朝代罪孽更大。在中兴时期，励精图志的作为可圈可点。但是像此前任何一个朝代一样，根本无法克服专制和腐败两种遗传其身的“合并癌”。于是规律性地由迷恋专制而视进步为天敌，由腐败而腐朽终至晚衰、没落、不可救药。既迷恋专制又想不怎么腐败完全是异想天开。因为越企图持久地专权便越会使劲加码地专制，也就越会强调其特权的绝对性和全面性，于是特权渐趋无限大，而腐败也就似乎不算腐败，不足论道了，于是不可救药。

封建国体由于先天的“合并癌”，其延续是一种向亡而存的存在。即使在其中兴阶段也是如此，好比带癌之人生命的某一时期显现红光满面精力充沛的假象。

而谈到封建文化，无论如何也是绕不开孔子的，并且一向会使后人联想到与他同时期的老子，以及后来的孟子与“诸子百家”。

我偶谈孔子时，头脑中同时会出现两种“标签”——伟大的思想家和伟大的封建时期思想家。正如一谈到孔雀和天鹅，美丽与优雅的形象和野禽的概念同时在头脑中出现。

研究孔子的学者和尊崇孔子的后人，似乎更喜欢说他是伟大的“古代”思想家。

但是没有什么历史人物能生活在非封建的古代国度。

而且人类社会的封建时期也并非便是一无是处的时期，封建时期自有其封建文明——在中国的春秋时期能产生孔子、老子及文化思想方面的“诸子百家”，本身便是封建文明的佐证。

同理，封建思想并非一概地一无是处。伟大的封建时期的思想家之所以伟大，乃在于其思想不但有益于促进当时之社会的和谐与进步，对于当代的人类社会仍部分地具有文化思想遗产的价值。

不能要求孔子当年具有现代民主思想，这样要求古人既不客观也不厚道。亦不能因为孔子当年并没宣讲过多少有点儿现代民主意识的思想而否定其伟大性，正如不能责怪古人仅仅发明了算盘而并没进一步研发出计算器而觉得算盘之发明不伟大。

孔子的思想是多方面的，对中国影响最悠久和深远的是“君子”文化。“君子”文化的核心是仁义礼智信。“智”非指心机能力，而是指理性。

那么，孔子实际上是希望通过传播好人文化而实现其对于好社会的理想。

我们当下中国人每每热议的话题是——好社会之实现，好制度的作用更大还是好人多起来的作用更大。

窃以为，二者是不该对立而谈的。若一种制度较开明，并且在向着更开明发展，那么当然好人越多，发展越顺利。反之，做好人难，几乎只有做顺民。但若想要将不好的制度朝好的方面改变，那就还是得靠人。不靠人靠神吗？于是人的作用凸显了。

在此点上，一个有趣的现象是，鼓吹制度决定论的胡适，竟也同孔子一样，在民国时期将社会进步的希望一度寄托于所谓“好人政府”。

胡适心目中的好人，与孔子心目中的好人如出一辙，无非是君子式的肯为社会进步奉献能力的人。

孔子当年也是面临制度的作用更大还是人的作用更大的自我叩问的。他倒没什么帝王崇拜，他内心里肯定是主张天下为公的；他将帝王也视为可以通过好思想化为“明君”“仁主”的人——他认为如此一来，好制度自然会由“明君”“仁主”来开创的。在他所处的时代，“君”与“君”是不一样的，有的“君”确实想做“明君”“仁主”；他以他的眼看从前，春秋前边的历史中，也确实有所谓“明君”“仁君”产生过。所以，便不能认为他那么思想简直是脑子进水了，完全违背社会良性发展之逻辑。

无独有偶，两千多年后，在日军大举侵华，中国军队节节败退之际，现代民主启蒙思想家胡适，向当局有关方面呈文，一反不染官职的清流之志，自荐要当“驻日大使”。

他意欲何为呢?

他要以和平之道，当面教导日本天皇改变支持军国主义的立场，带头反对日本军方的侵华行径。

孔子也罢，胡适也罢，不论对于古代列国诸王，还是对于现代日本天皇，所表现出的好愿望的颇为自信的一致性，证明的并非是文化大师们的天真幼稚，而是古今中外文化正能量在特殊时期特殊情况下的应急反应。

孔子与胡适；古代与现代；封建与民主；儒家思想的鼻祖与新文化运动的宣言者之间；在主张和倡导君子人格以及与之相关的人

格修养方面，穿越式地进行了复合。

一切古代的优秀思想的总和，乃是人类社会近当代优秀思想成果的母体——后者要么是对前者的继承和发扬，要么是在质疑、解构、修正、批判和颠覆前者的过程中才形成其自身价值的。即使是这一种情况，后者仍当感激前者，好比没有“面引子”，发不出好面蒸不出好馍来。

在公元前五百多年的时候，在孔子之前，世界上再无第二位孔子那样的诲人不倦的思想家——苏格拉底、柏拉图、亚里士多德三师生比孔子晚出现了一百多年；而中国诸子百家思想争鸣时期的文化景观，气象之大超过古希腊三哲的影响。

若以孔子与古希腊三哲相比较——孔子的思想早于后者们一百多年，这是孔子的伟大之处；后者们的思想具有体系化的特征，并且他们的国所具有的初级民主之端倪，为他们的“国是”思考提供了“超君”想象的客观空间——这与孔子所处的春秋时期大为不同，于是会对比出孔子之“国是”思想明显的历史局限性。

而在孔子与老子之间，我觉得孔子的全部思想更切实际一些。孔子的思想是语录式的，老子的思想是论文式的。前者是入世的，主张有能力的人应为国为民有所担当，体现出能力越大责任越大的精义。就此点而言，我甚至认为具有现代西方“个人主义”的某些色彩，因而于封建的底片上，隐含着现代的线条。老子的思想也是自成体系的，无须后人归纳分类。《道德经》的思想维度比孔子的思想维度大，思辩风格一目了然，修辞的逻辑特征甚强，具有纵横驳论之锋，故后人亦称他那一派人物为“纵横家”——可视为中国最早的辩证哲学。

近代有些研究者认为，孔子拜见过请教过问题的老子，未必便是《道德经》的作者，而《道德经》实际上产生于孔子死去很多年之后。既然老子乃是《道德经》的“经主”似乎早已成共识，我们也只有将老子与《道德经》相提并论。

《道德经》之“道”指自然规律与人为的事物规律；“德”指相对于两种规律的人的意识。依老子看来，凡人为之事与物，基本上全是违反自然规律的。人与自然的关系，以无为地生存于自然界中为最明智。果而如此，人类的进化反成自身罪孽了，像动物世界中的一个寻常物种那么听天由命，似乎才是正理。反之，最大之愚也。

在人为事物现象中，老子着力攻击的是所谓“圣人”们那套礼教之说和人类一切企图构建秩序的“妄想”——他主张人皆不应有为，是谓“道法自然”。反之，伪也。那么当然的，什么仁义礼智信，全都是谎言。

我觉得，《道德经》的锋芒所指，分明也是旨在批判“圣人”孔夫子的。大概孔子死后荣名加身，“老子们”是心有不快的。但问题是，其矛头一经对准孔子，本身固有的智慧之光于是暗淡了——因为孔子的某些思想，毕竟有益于人之心性的进化。

“是以圣人之志也，虚其心，实其腹，弱其志，强其骨，恒使民无知无欲也，使夫知不敢，弗为而已，则无不治矣。”

在老子的思想体系中，一而再，再而三地提醒、告诫作为统治者的“圣人”，“使民无知无欲也”的重要性。

孔子以“复礼”为己任；老子以“愚民”为天职。孔子力图诲君王善为而为；老子则苦劝“圣人”谙不为之妙理。

关于《道德经》的“愚民”主张，实在是一个不争的事实。在此点上，我认为与孔子试图以仁义礼智信化民的主张相比，绝不是什么更高级的思想，而是横看竖看都属于糟粕。

冯友兰论及老子，认为他的思想成果是“对于思想的思想，所以是更高层次的思想”——仅就其形而上的，抽象的，思辩性精彩的部分而言，并不算是过分的美誉。但，那也不能因而根本无视其糟粕部分的存在。

中国之学界有种长久的通病，便是对所谓经典的一味赞美。尤其是成了靠宣讲经典吃饭的人以后，更是习惯于论瑕为美。仿佛不如此，所捧的饭碗就低等了似的。在此点上，不要说不及西人治学的客观了，就是连致力于传授的古人也不及的。后者们对所谓经典也还是具有批判精神的，且能在批判中贡献新思想。而当代的靠宣讲经典吃饭的人，大抵本无独立见解，所以不敢批判，也就只有一味赞美。

依我看来，在“愚民”这一点上，《道德经》与柏拉图的《理想国》有共同之处。他们二人，当然是不可能进行过思想交流的。在所处时期接近的历史长河中，在都未至彼国的前提下，竟不约而同给人类的好社会之实践开出了愚民的药方，这倒是值得思索的。我们今人不因而否认柏拉图之古代大思想家的地位，当然也不应因而杯葛老子。打几分折扣的思想家那也是思想家，人类还没产生过不打折扣的思想成果，包括《圣经》。

至于孟子，比孔门的任何一名弟子对光大孔子的思想都功不可没。孟子在所有古代思想家中是最善用比喻的，还善于讲故事——起码在他生前是那样。

孟子诲人不倦的对象主要是君王——在此点上他比孔子幸运。孔子当年周游列国受待见之时少，列国的王们都是军事力量崇拜者，更需要的是防止政变的王位巩固之术和取胜避败的战术，对文化统治这种“软实力”的重视相当漠然。到了孟子的时期，王们的存亡如上市公司，今朝这家上市了，明日那家崩盘了，退市了，都与彼们在本国的民心状况有一定关系。孔子的学说乃是引导彼们“团结”民心的，死后的“学术”影响大于生前。孟子继承了孔子衣钵，宣传且有发扬，于是王们都想听听他的高见了；反正听听对自己并无损失，最大损失无非就是浪费了点时间。故也可以说，孟子得以见到几位王，当面贡献自己的思想，是沾了孔子身后名的光。

孟子治国理念的核心是“仁政”，这种理念说多了，劝诲不免有了教诲的意味，王们其实是不爱听的。《孟子》七篇只记述其见了哪几位王，向彼们阐释“仁政”道理时打了什么比方，讲了什么故事，无一字记述王们采纳了没有，采纳后治国情况发生了什么变化，原因就在于他讲他的，王们有一搭无一搭地听着而已。好比当下的中国，商战之势汹汹，老总们都怕出局或急于上市，兼并别人；他那套“仁政”的理念只能被王们认为理念上成立，解决不了彼们的当务之急。这也难怪彼们，实际情况也是，往往还没能实践“仁政”呢，自己的国已被灭了。

孟子的专执一念，并不意味着他好为王师，也并非是他想靠贡献思想混个一官半职。他肯定是有人文情怀的人，是真心恤民爱民的思想家。他心目中的民，比老子心目中的民地位高多了——坦率来讲，我认为老子的民思想是阴暗的，不光明。我想孟子的逻辑是这样的——使一王仁，于是“仁政”便得以在一国实践，于是百千万民便可享“仁政”之福泽；于是为别国的王树立了榜样，天下太平，诸国和睦的局面有望开创。

所以孟子比孔子还理想主义，他的理想太阳光了，几近于天真无邪。

孟子有句话说得很牛，即：“民为贵，社稷次之，君为轻。”

此话是“天下为公”的最明确的注脚。

我每为孔子遗憾——若此话出现在孔子语录中，“五四”时打倒“孔家店”的口号估计喊不成响了，“文革”中的“批孔”运动也更难推进了。

孟子死后，被尊为“亚圣”——不是王们、皇们、帝们封的，而是历代学人与民间百姓相当一致的加冕。

可以断定，与其“民为贵”之思想有很大关系。

我一向觉得，一句“民为贵”抵得过半部《道德经》。

自古帝王不读书

“自古帝王不读书。”

这话有点儿绝对，却有普遍性。与民间那句“慈不带兵”的话异曲同工。后四个字且不论了，成年人都懂的。前句话却须略说一说，与本书内容有关——世上本无帝王，想当帝王的人多了，就有了。帝王者，欲永据“天下”为家族“社稷”者也。中国之“家天下”，据说始于启。但关于夏朝的信史尚不确凿，所以今人也只能当作莫须有之事。

先是王们多了起来，便都盘算着称帝。于是你发兵灭我，我率军攻他。此王消灭彼王是辛苦又玩命的事，并且肯定要绑架众生，哪里有闲工夫读书呢？所谓圣贤书都是教诲人戒霸心的，戳他们的肺管子，当然更反感了。

“马上得江山”，说白了是指第一代帝王们的“事业”是靠双手沾满了鲜血才成功的。

但二世主、三世主……后数代乃至十几代的王位帝位继承者，都是必须读些书的。家天下仅靠自家兄弟的能力难以长久统治，何况自家兄弟之间也每因谁更有资格继位而白刀子进去，红刀子出来。于是借力势在必行。借什么人的力呢？当然是借众臣之力。众臣中多是读书人。汉以后，科举制度更趋完善，为帝王效忠的众臣关于往圣之书的知识水平普遍高了，文韬武略一套套的，奸臣腐将也能那般——这种情况下，继位的帝王们不得不跟上形势与时俱进也多读些书了。否则，没法与众臣讨论国是了，那起码是面子问题。

帝王们的面子尤其是面子，不是闹着玩的。在他们小的时候，他们的父辈也很重视对他们的文化栽培，他们的老师都是当朝的学问家，德才兼备的人物。

所以，排除非正常接班的情况——多数正常接班亦即以成年之龄接班的帝王，文化水平是不成问题的，起码够用，说起话来不至于丢帝王的份儿。他们中有人还颇好文艺，甚至才情较高。比如宋徽宗，诗画皆佳。至于成了俘虏，失了半壁江山，原因很多，非一己之责。

在他们小的时候，国师不可能不授以孔孟之道。但讲到孟子时，国师们却都是有保留的。“民为贵，社稷次之，君为轻”一句，国师们都是绝口不提的——那不是成心找修理吗？

所以孟子也就一直是“亚圣”，“反动言论”、历史“污点”被遮掩了。

孔子并非一直是各朝各代的文化偶像。

大唐时的朝野并不多么地重视他，影响也很有限。

唐代朝野更青睐的是佛教，以至于某个时期，好逸恶劳的青壮年男子纷纷出家，社会生产力都下降了。这使唐武宗很光火，下旨拆了许多庙，赶跑了许多和尚，勒令还俗，逼他们能干什么营生干什么营生去。

宋朝也没太拿孔子当一回事儿。宋的朝野比较崇尚道教。南宋退据长江以南之后，有几年风调雨顺，国耻伤口渐愈，经济发展态势趋好，于是都热衷于及时行乐与养生之道。

却好景不长，还是亡了。南宋之亡，与从皇室到朝廷官员、从士林到庶民的颓废迷醉，纵娱恣乐的国风有关。岳飞死后，半个宋朝军心难振，士气沮丧，军队锐志不再，所以连梁红玉都得率女兵与金兵进行水上战斗了。李清照诗云：

生当作人杰，
死亦为鬼雄。
至今思项羽，
不肯过江东。

这可看作一个弱女子眼见半个宋朝多数男人不男的喟叹。确乎，南宋之男，除了韩世忠等少数将领，其余皆似被阉男也。南宋词风，也再没了北宋时边塞词的豪迈与骁勇气质。长江便是国边了，还边的什么塞呢？南宋的皇家有种幻想，以为长江未必不可做水的长城，金军插翅难逾天堑。而蒙古军团的强大悍猛，也是南宋必亡的客观原因。他们都横扫欧洲如卷席了，况乎小半个南宋？

元朝初定时期，镇压酷烈，杀性不减。先是，攻城略地，滥杀为习。每仅留工匠，以充军役。入主后，将汉民分北人、南人。北人者，已杀服之长江以北的汉民也；南人者，刚纳入统治地盘之汉民耳。对南人，起初无分官员、士子，杀戮甚于庶民。在他们的意识中，南宋官员、士子，乃首当灭除之不驯种子。故汉人经此一劫，大抵被杀怕了。亡国之官之士，多逃往深山老林或荒僻远域。此种情况，十余年后方止。他们沉浸于征服的骄暴，杀戮之快感，不知怎样才是不凶残。

元初之文官武将中的汉人，基本是北宋的降官降将。亡南宋时，彼们也曾出谋划策，效军前帐后之劳。元的中低级武官，不分蒙汉，基本是世袭制，父死子继。高级别的汉人中的文官武将死后，以其功之大小与忠诚的被认可度，决定对其子孙的任用等级。这就使它的“干部”队伍往往匮乏，后来不得已开始从南宋遗臣中招纳识时务且可用之人。

元九十八年的统治时期，科举是基本废掉了的。没法不废。若延续，考什么呢？还考四书五经？岂不等于替汉人招文化之魂吗？科举一废，“往圣”之学的继承，便从公开转入了“地下”，由塾授馆授转入了秘密的家传族授——而这是危险的，一旦有人告发，很可能被视为“怀复宋之心”，因而大祸临头。

在元九十八年的统治下，汉民族的传统文脉差不多是断了运象的。而元留存史上的文化成果，基本便是散曲、杂剧；关、马、白、郑而已。

散曲初现于唐。唐是多民族相融的朝代，散曲于是有别民族的语言风格。与唐诗乃文人雅士的事不同，散曲更属于底层人的最爱，声靡于瓦舍勾栏之间。至宋，词风甚盛，散曲之声寂焉。

元使汉民族文人士子的地位沦落，亦不再敢以诗词抒情明志，遂将被压制的文才转向了散曲。因这专业群体的参与，散曲也多了几分瑰丽旖旎。

但细论起来，散曲的严格定义，应是——元统治时期由汉民族发扬其魅力的文学现象。关、马、白、郑四大家，皆汉人也。

先是，蒙古军团灭金后，他们都是不得已地成了长江以北的元朝人，否则死路一条。为了生存，亦不得不折腰服务于元。蒙古军团攻南宋时，关汉卿曾以医职服务之。而南宋即灭，七旬老翁关汉卿逝于江浙一带，比关汉卿年轻许多的马致远还在浙江一带做过元朝的小官。正所谓“国破山河在”，大家都得活。

关也罢，马也罢，他们的剧作，其实无敢以元为背景的，反倒都以宋为背景。若以元为背景，则肯定悲也是罪，讽也是罪，怎么着都肯定是罪。而以宋为背景，好写多了。一概宋背景下的悲欢离合，嬉笑怒骂，元统治者都当其是在反映“万恶的宋朝”。

白朴和郑光祖，也只能循此路数。

元统治者的眼，对他们这些汉裔文人，盯得很紧，身家性命不能轻，又哪里敢以剧作造次呢?

至于他们在散曲、杂剧方面的成就，后世好评多多，已获公认，不赘评。

单以马致远一首《双调》为例，其胸中纠缠郁闷，足见一斑：

酒杯深，故人心，相逢且莫推辞饮。君若歌时我慢斟，屈原清死由他恁。醉和醒争甚。

屈原坚持节操而死，由他死他的吧。谁醉谁醒，争个什么劲啊!

元的亡，亡于作为统治集团，自身文化积淀浅，又不善于取长补短，充分利用“汉家”文化之“先进”因素，整合人心，是以亡得较快。

明朝的朱元璋在此点上却是有着清醒认识的。他这位因人生潦倒而当过和尚，也当过起义军首领的皇帝，对孔孟之道还是略知一二的。初登基时，他向朝野一再表示，自己一定会行仁政，做个好皇帝。因为他有此种表态，当然便有各色人等向他宣扬孔孟之道的德性作用。也许正是在这种情境下，某个冒失鬼，哪壶不开提哪壶，顺嘴溜出了孟子那句“民为贵，社稷次之，君为轻”的“混账话”——对一切帝王，那话肯定是“混账透顶”且振聋发聩的。朱皇帝当时就火了，要传旨将孟子捉到砍了。这事正史上未提过，野史中传得很广，可信度不高。向来孔孟并提，凡是个汉人，谁人不知，哪个不晓？尽管在元朝被“冰冻”了 98 年，那也由地下的家学播在了一代代汉子孙心里呀。

虽不可信，但自明始，孔孟之道变成了孔子一人之道，这却是真的。结果“亚圣”被剥夺了“圣”名，连其塑在文庙中的像，也遭捣毁，当垃圾清出了文庙之门。

政治本不是谁都“玩”得的国之顶层大事，偏偏孟子尤爱议政。这一点上他就是不如孔子明白。人家孔子除了“克己复礼”，关于政治很少发议论。最有冒犯意味的话，不过就是“苛政猛于虎”。帝王皇上可当诤言来听，没有颠覆性。

朱皇帝之登基接近“顺承天意”，推翻元朝符合最广大汉人的心思——元的晚期，人口已近九千万，而土地越来越集中在达官显贵及地主阶级名下，实际上绝大多数农民几乎都变成了佃户。而且，元代加强了对最底层人的户籍管理，被划入另册将世代为奴作婢的人口尤多。他们除了造反，再无别种改变命运的可能。天灾战祸，亦使流离失所背井离乡的游民人口大增。元晚期的腐败加速了它的灭亡，可谓支撑乏术。

朱皇帝在文化上独树孔子之后，不久恢复了科举。这给元时“十儒九丐”的潦倒文人士子们打了一针强心剂，使他们的人生又有了希望，又有了奔头，都以亢奋之心跻身于科举“管道”，于是传授入仕经学的书院书馆及塾学堂，如雨后春笋。

实际上，元时以私人学名开馆授业的现象更司空见惯，最多时达四万几千处，而明中期才一万几千处。这是因为，元朝廷与军队逃离中土之际，不但带走了蒙古人，也卷挟走了不少汉人——至明中期，在籍人口方达到六千余万。而明的院、馆、塾，与元有本质不同。后者所教授，在废了科举的情况下，只能以艺技为主业，即谋生手段，如现在的“文艺培训班”；而前者，则又重新祭起了“修齐治平”的经世之道的旌幡。

唐诗、宋词、元曲的水平已各处巅峰，明的文人士子们皆知无望达及，于是他们之“文以载道”的能动性，逐渐转向了纵论时政方面。可以这样认为——明之文人士子，比起前人，是最“关心国家大事”的。这又因为，元是中国历史上异族统治汉人的朝代，以往一向是以汉人为中心的。所以明之灭元，意味着历史回到了“正轨”，是对整个汉人的拯救。此时的朱皇帝功莫大焉，怎么重新将国体设计完美了——许多文人士子都希望能在这机遇与挑战并存的历史关头，贡献继往开来的思想。

然而朱氏另有想法，更相信于自己的英明。他的设计是中央高度集权，连宰相也不任命，举凡一切政策法规，更喜欢产生于自己的头脑。

明是中国历史上由农民领导，靠农民起义所建立的朝代。所谓匹夫登基，草民称皇。这样的一个皇帝，治国理政的资质显然在各阶层内心里都是存疑的。尽管他在南京当皇帝当的挺有魄力，但那当的只不过是半片汉土的皇帝；如今当整片汉土的皇帝了，两码事。能力欠足，有待观察。此种情况下，若坐皇位的屁股尚没温乎，竟被杀了，且灭族了，历史结论很可能是——为国为民祛忧，除掉庸君；取而代之有理，另拥圣明也有理。而只要能顺利地将皇位传至三代以后，情况则不同了。那时社稷姓朱，便成共识。只要子孙当皇帝当得并不明显地昏聩无能，别人若起取代野心，顾虑将是很大的——历史结论将是“篡位”“弑君”，都是大逆不道之罪名。此种事曹操生前都不敢做；刘邦生前最怕他的“战友”们做；后来的曾国藩避嫌唯恐不及，皆因害怕在历史上留下“窃国”“乱臣贼子”的骂名。

朱氏深谙此点，故其集权、专制，是要为子孙后代夯实皇基。无论是确有人觊觎他的皇位，还是他自己疑心过重无事生非，总之他不久剪除起“战友”来，做法心狠手辣，莫须有之织罪，他运用起来也易如反掌。

而以上两点，当然违背他一定要做明君圣主的誓言。明不明圣不圣的，不在他考虑的范围。目的却达到了，命官们特别是些个自作多情的文人士子，于是都缄默其口了。他们终于明白，皇上尊崇孔子，其实只是要臣忠民良而已。至于他自己，根本不打算做孔子的好学生。

集权也罢，专制也罢，对一个朝代的初定而言，效果却往往立竿见影。并且，他的某些国体设计和主见，在当时也算考虑独到，例如尽量避免战事发生，使民得以喘息繁衍；官吏俸禄标准亲订，以防滋生腐败；军费由国库直接拨给，以杜绝军方勒民现象；留在汉土的蒙古及其他少数民族，不得在本族间婚配。不论嫁娶，一方必得是汉人。以强迫方式，消弭民族仇隙等等。

然而封建制度胚胎里带着的劣基因，是无论多么英明的皇帝都无可奈何的。

到了明中期，问题显现了——明初，内外官员两万四千余人，到成化年，增至十余万；嘉靖时，全国每年供给于京师的粮食四百万石，仅各王府禄米却已达到八百五十三万石。即使年光持续良好，风调雨顺，每年的贡米也不足京师所需之半。只得通过“加派”，增收赋税，民不聊生，怨载道矣。

不世袭，皇室及官僚大臣皆有意见，而世袭成律，必然失控，状况频出——晋王第三子庆成王，妻妾众多，生百子，俱长成。长子袭爵，余九十九子并封镇国将军——此明前朝代绝无之事。家世余荫，福泽无穷之代，且多为酒囊饭袋行尸走肉之辈。“出则车舆，入则扶持”，不能文，不能武，腹笥空空，不学无术。

世袭资格的巩固，须官场互相帮衬，攀权附势，结党营私之风于是盛行，潜规则遂成常态。而皇室的存在，却又不得不依赖此种常态的“忠心拥护”。

朝廷惯以门第用人，虽科举之制在焉，大批庶族出身的人才，很难通过那独木桥谋得一官半职。于是他们弃了儒家典籍，转而去向孟子、墨子、荀子的思想寻找慰藉，消解怨闷。

墨子曰：“尚贤者，政之本也”；“官无常贵而民无终贱，有能则举之，无能则下之。”

荀子曰：“虽王公世大夫之子孙也，不能属于礼义，则归之庶人；虽庶人之子孙也，积文学，正身形，能属于礼义，则归之卿相士大夫。”

明思想家黄宗羲著文痛批当时情况曰：“以我之大私，为天下之大公。始而惭焉，久而安焉，视天下为莫大之产业，传之子孙，受享无穷”；“今也以君为主，天下为客”。——当然他的愤言是说在晚明，仅在小范围传播，否则性命难保了。

士林之“林”，原本统称。明中期开始分化，晚期显然——仕途顺达者，依然视儒家经典为真圣真贤之书；对科举心如死灰者，逐渐自成一林，如蜂族之分巢。那分出的一“林”，思想影响渐大，一言以蔽之，核心思想无非是孟子“民贵君轻”的思想。或许他们中不少人并非真的认为民应该多么的贵，与四百多年后蔡元培提出“劳工神圣”的口号，情怀未必相同。但他们表达不满，须有够高尚的理论支点，“民贵君轻”“社稷共属”，合其用也。而墨子、荀子的思想，才是他们之矢的。

士林中还又分出了一“林”，将生命价值转向了小说——他们文化自信满满，能预见到自己所创作的小说，未必就不会成为传世经典，于是我们如今有幸读到“三言”“二拍”《水浒传》《三国演义》《西游记》《封神演义》等名著。

明的文化形态，亦如元的文化形态一样，都经历了士人文化向庶民文化靠拢、转型的时期。元以曲为媒，明以小说为介。于文学，乃幸事；于哲学，是思想力的解构、消遣、娱乐化，且是落荒而走之事。

说到哲学，则不能不提王阳明的“心学”。我对所谓心学一向不持高蹈之评。在我看来，无非便是儒家思想糅合了些佛家思想元素而已——左不过劝官劝民对自身郁闷看透点儿，想开点，自我劝解地虚化了之。

倘言儒学的内容是人性人智之学，那么按古人“心主思”的逻辑，儒学当然也可以认为是“心学”。王阳明不过是将他所消化的儒学，换了一个概念，以佛学的方式细诠细释了而已。

心学对于明的统治是尽量不露企图的，甚为低调的帮忙之学。皇家的人明白，他自己也明白，彼此心照不宣。

孔子的思想，未必是起初便希望被当成治民工具的；王阳明的心学，未必不是起初便希望成为帮忙学的。

但，未必这样也罢，未必那样也罢，具体到对世道人心的作用，毕竟出发点都是阳光的，良好的，影响也肯定是正能量的。思想家生于封建时代，即使想帮哪一朝代减点压，何况是用贡献思想的方式，不能因而便视为统治集团的文化侍从。封建时期的文人士子，其思想能动性大抵体现于两方面——要么试图影响统治集团，要么试图影响世道人心。而影响前者，又往往比影响后者要难得多。在影响后者方面，因少或没有忌讳，亦往往能对人性作超阶级的分析与见解——正是这一部分见解，因超越了阶级，同时也便有可能超越历史局限性了，于是对今人仍有教益；故，他们就确乎当得起“思想家”三个字……

说说大清

现在，该谈谈清朝了。

清朝是离我们今人最近的古代；也是异族统治汉人的朝代；是先秦两汉以来，统治时期最长的一个朝代——后两点，信息量大焉。

在元之统治时期，汉人被外族所统治的屈辱心理几乎不曾减除。越到后期，越加隐强。故明之灭元，对普遍的汉人实乃大快人心事。

而清之统治，居然比明还长。并且，到清中期，反清复明的举动虽仍有发生，却势微近绝矣。至清晚期，统治者的昏聩无能，官场的腐败疲软，朝廷的横征暴敛，民间的生存疾苦已是不争事实，但——不论汉人官员或城乡汉人富绅或社会最底层的汉人，似乎都早已习惯了自己是大清臣民这样一种归属感。前两类汉人，其归属感还伴有荣耀。即使后一类汉人，辛亥时期被割辫子时，也宛如将被去势般哀伤。而不论在自愿的情况下还是被迫的情况下成了海外华工，对辫子一如既往地在惜难舍。

可以这样认为——辫子不仅仅是国籍的象征，还是甘愿归属于“大清国”的证明。若满人时刻不忘自己同时是“清人”，自有顺理成章的解释；但汉人同时自认是“清人”的意识，何以也会根深蒂固向来如此似的呢？

或曰：被统治久了，当然如此。

但，又何以偏偏清朝这一外族，对占一国人口绝大多数的汉人的统治反而最为长久呢？

或曰：统治手段阴险毒辣，必然结果。但若细观以往历史，不难发现——元明统治，严酷程度超于唐宋；元明之间，其实难分一二。连朱元璋自己也承认，在用重典极刑一招上，与前朝相比，每有过之。

明之所以统治了二百七十七年，很主要的原因是沾了人口红利的光。明初的六千余万人口，至后期已逾两亿了。如此之多的人口，对经济基础起到不言而喻的支撑。而经济基础“造血”功能的殚精竭虑，使上层建筑的大厦得以较长期摇而不倒。如大船，哪漏补哪，延缓倾覆。

清不但使明原有的版图又扩大了，也使人口又增加了许多。而且，长城内外，皆为“大清”一统天下矣，烽火久熄，战事基本停止，仅西部时有军事冲突。于是，剧增的人口，更加得以从容繁衍。至嘉庆年，人口过四亿矣。

人口如此众多的国家，在当时的全世界已绝无仅有。内外相对安定的统治时期，自然也促进了农工商的全面发展。可以这样说，“大清”依赖人口红利而统治长久的甜头，是当时世界上任何别国的统治者不曾尝到的。

排除人口红利这一决定性因素，清统治者善用文化整合人心的统治之术，也确乎可圈可点。

客观原因是——清灭明后，面对南北统一的偌大国家，仅凭满人官员控制局面，委实力不从心。以汉治汉，确为上策。自汉朝董仲舒提倡废禁百家独尊孔学后，孔子大受敬仰的地位，其实自清始稳。唐宋元明四个朝代，或无暇顾及，或并不真的重视，总之皆不及也。清也没有掺和汉知识分子间历来的学术纷争，门派歧见，取一视同仁，统统为我所用的明智态度。“四书”仍恢复为“四书”，《孟子》又被解冻了。

结果是——明朝官员及文人士子，不但心稍安矣，且意渐顺矣。

康熙的方法，其诚几分？其术几分？纠缠此点，钻牛角也。

只能以结果论其方法的得失。

那么，他基本达到目的了。

继而，众所周知，在他的统治时期，开始了编纂《古今图书集成》与《全唐诗》两项浩大的文化工程。

此事也有极耐人寻思之点。首先，传达出这样的善意——那可本该是由你们汉人来通力完成的大事功，现在朕来了，咱们满汉一家了，你们珍惜的朕也自当珍惜，“好东西”都是“咱家”的了嘛，岂可不加珍惜？其次，要完成那大事功，我们满人外行，你们汉人才内行，当然应由内行来完成；朕做你们的“推手”就是，要钱给钱，要人给人，要权给权——这种绝对放手，绝对倚重的态度，不但为他自己树立了开明有胸怀的形象，而且为“大清”后来的统治也传下了一以贯之的方针性“遗产”——只要继续做着此事，满汉在文化上已成一家，便几成无可争议的定论矣。文化上已成一家了，那么“大清”再也难分究竟属汉还是属满了。

相关联的情况是，斯后，一批满腹经纶的汉人文史学者，每以进士学位，加入了浩瀚的文化工程，钻进文山，潜入史海，皓首穷经，无怨无悔，且引为无尚之荣幸。因为，给待遇，给尊重。无缘跻身此列者，有抱憾终生之感。

如果做一份表格，以对比之法呈现直观效果的话，定会使我们今人诧然愕然——表格将显示，正是在同一历史时期，西方诸国不但在科技研发方面硕果累累，在文化特别是在社会学进步方面，也可形容为思想的火花四射。宛如吾国春秋时代的“百家争鸣”；思想先进的步伐却远远超越，不可相提并论也。

而反观吾国，表格之上，除了《四库全书》《全唐诗》及几位清代书画名家还有《红楼梦》《聊斋志异》《儒林外史》等小说外，留白令人汗颜。

文人士子的文化思想能动性，经元之镇压，明之打击，清之诱导，差不多等于被完全阉割了，奴化得软塌塌的了。

若据此断定清比以往朝代都特别来劲的尊孔倡儒，根本上是一大统治阴谋，却又未免过于阴谋论了。

窃以为，与历朝汉家“天子”相比，清皇帝的大多数，对儒家学说尤其是孔子思想的尊崇，或许确实真诚度多一些。这乃因为，孔子者，汉人也。经历朝历代之灌输，从士人到民间，未免有“噎食”反应矣。而对于满人皇室，却如同一片新的文化天地。最深以为然者，恰是汉人已倒胃口的“君君臣臣，父父子子”之诲。

先是，努尔哈赤在北方建立政权后，为政权巩固计，忍痛幽死乃弟，处死亲子。且历睹草原各族王骨肉血亲之间，因争夺领导权，父疑子，子恨父，叔侄兄弟互相戮害，频生感慨。对于汉人这边改朝换代的血溅宫闱，手刃亲人现象，亦闻之不少，却只能徒唤奈何而已。他身边的汉人近臣，遂向其陈儒家思想片段，谨供参考。实际上，清灭明前，其皇族子弟中有望继位者，已对孔子略知一二了。这并不影响他们灭明的野心，反而有助于他们灭明前的文化思想准备。所谓彼一时，此一时，取所有用，弃所不用，活学活用。

凡皇帝者，无须孔子教导，“君君臣臣，父父子子”的伦理意识全都非常明确——君君之释，即我怎么当皇帝我百分百做主，毋庸任何人置喙；你们怎么为臣，也由我来定条款，都识相点；朕即为朕，父子之间，亦君臣也，故朕又是父皇，非一般百姓人家那种父；君臣之间，亦父子也。故为臣者，不论岁数多大，在朕面前，那也是子……

没有一个皇帝，不是如此这般来理解的。至于什么仁义礼智信，那是对百姓的教化，若也用来要求朕，简直就是“反教”了，大逆不道，罪该万死。

自康熙始，清皇室对子弟们的学业抓得是很紧的，如同当今望子成龙望女成凤的家长；而皇室子弟们的学业亦重，殊少玩乐时间，亦如当今高考前的学生，却没人替他们呼吁减压。直至十八岁成人后，才终于从学业压力之下解脱，于是有那天生难成才者，纵情声色犬马，不求上进也。而成为皇位继承候选人的，仍需继续深造，如当今之学子读研读博，导师是不可少的人物。

皇家子弟的学业内容多门多类，不但要学满文，还要学汉文、蒙文；满史汉史，并教并学；“四书五经”之类，亦必学课程，绝非选修课；还要学诗词歌赋，学满汉民俗朝仪、祭祀大典的步骤；骑射是他们的看家本领，弓马之技尤得过硬……

培养一位全面发展的贝勒是不容易的；造就一位能胜任天下的皇帝尤其不容易，故他们的蒙师曰国师。清的每一位皇帝的背后，都曾有汉族国师的光辉身影，造就伟大皇帝的光荣，有汉人国师的一半。这使清朝的皇帝中，半数以上口才不错文才也在超凡一流。佼佼者，引汉家之经据汉家之典，亦善侃侃而谈。面试新科状元进士们，出题每刁妙，汉人才子不敢轻视也。

在清早期，汉人子弟即使成功入仕，往往也仅能任文官，难掌军权。朝廷要职，还是基本控制在满官手中。满汉官员之间，即使职位同品，也互不通婚。足见他们对于皇室与贵族血统的纯正，是十分在乎的。同为贵族，满贵族在心理上也常觉高于汉贵族。

“君君臣臣，父父子子”，其实并不能解决好清皇室的内讧。姑且不论雍正继位之合法性的存疑，其登基后，另外几个兄弟千真万确是被他借由害死的。也许正因为这一与皇位有关的原罪，使他的儿子乾隆更频繁地驾幸孔府，有次还带着母亲在孔府小住。他对孔子的尊崇，超前胜后。在住期间所封孔府官员，最多时“局”以上者达七十余人——当然，人家孔府后人也争气，都考取了证书的。但同等学力而服不成官政的大有人在。这也是没奈何的事，谁叫“大清”已是全世界第一人口大国了呢。

虽然将科举之文门向汉人子弟敞开，屡考不中者还是大多数。在文学作品里，家境好的，如《红楼梦》中的贾宝玉；如《官场现形记》的某公子，仍可过锦衣玉食起码丰衣足食拥妻揽妾的好生活；而一般庶家儿郎，落魄士子，人生便很惨。能进入豪门充当儒仆，算是命运挺不错了。不少人羞于现身市井乡里，隐向山林，过起了有文化的半野人的生活。但这也不仅是清朝独存之现象，以前朝代，基本如此。这是教育失败的现象，科举害人的另面，社会进步停滞不前的佐证。

然而皇室后人却在文化方面大受裨益。仅看历代皇帝批奏的文存，圈点精恰，或准或驳，文字见童子功，辞藻丰富，条理明晰，亦庄亦谐，颇显个性。即使没理找理，也还是充满了道理自信。那都不会是别人代笔。在批奏方面，他们还是亲力亲为的。

说到文字，清的皇帝们形成了中国书法的帝王体，横平竖直，笔触浑厚，架构紧凑，庄严肃穆，气质难仿。即便慈禧，也端的能写一手地道的帝王体，不服不行。

而乾隆，可谓清帝中的“诗帝”，一生作诗四五万首。劣诗肯定多半，但较好的诗句也必有之。

我是知青时，听一位北京老高三吟曰：“万里长江飘玉带，一轮明月滚金球。”——觉甚嘉，属工对，气象大，有画面感，也有动感。

问何人之句。

答曰：“乾隆。”

后来得知，对方乃清皇族后裔。

而彼们中，善诗画者，不足为奇。

清的灭亡，内因外因，原因多多。腐朽了，落后于世界之林了，是谓主因。

但它怎么就腐朽了呢？

窃以为，规律使然。就是再英明的皇帝，有文武两班再忠诚能力再强的大臣辅佐，文人士子们再懂事、不添乱，庶民百姓们再顺良、顾大局识大体，而且，日本也不挑衅，西方列强也不仗军火优势相欺——那它也还是要亡的。

缘何?

寿限到了。

封建之国体，好比人有寿限。初定如少年；中兴如青壮年，大抵生气勃勃，仿佛前途无量；而没有谁的青壮年期是无限长的。中兴一过，似夕阳西下，晚衰开始了——也没有谁能长生不老。此自然规律，不以人之意志为转移。不可抗拒。

此是封建国体的“天谴”基因。

是身为皇权接班人者，命运难逃之悲也。

双面民国

1912年2月12日，清皇室发布逊位诏书：今全国人民心理，多倾向共和……人心所向，天命可知。予亦何忍以一姓之尊荣，拂兆民之好恶。是以外观大局，内审舆情，特率皇帝将统治权公诸全国，定为立宪共和国体，近慰海内厌乱望治之心，远协古圣天下为公之义……即由袁世凯以全权组织临时共和政府，与军民协商统一办法。总期人民安堵，海宇乂安，仍合满汉蒙回藏五族完全领土为一大中华民国……

此日，即为中国之民国时期的元年端日。

该诏书词语衷切、表意恳恳，文言白话搭配妥当、不卑不亢，可谓一篇公告式美文。

先是，袁氏已由资政选举为总理大臣，由其协调各方势力，亦顺理成章。

当时之中国，又有哪几方势力呢？

其实，坚决要以军事行动推翻满清王朝的核心力量，无非以孙中山、黄兴为一、二号领袖人物的革命党同盟会。同盟会中的著名人物首推蔡元培、章太炎。阎锡山亦是坚定分子，曾倡议培训一支“铁血丈夫团”，深获孙中山支持与信赖，并受孙之命潜回山西发展“同志”相机起义。同盟会已在南方各地起义数次，皆以失败告终，牺牲惨重，如广州七十二烈士，如浙江徐锡麟、秋瑾之英勇就义。故革命军与清廷不共戴天，不达目的，誓不罢休。武昌首义成功，各地义军，纷纷响应。后初立中华民国临时政府，而或能担起保卫清廷重任的，唯袁世凯的北洋军而已。其他封疆大吏，皆按兵不动，对清廷既不再效忠，也不雪上加霜。对“革命军”既不相助，也不阻挡。坐山观虎斗，心机一样，都企图割据“自治”，无非都企图像战国时期那般自立为王。

袁世凯也并不真心保皇，不愿在与革命军的殊死较量中拼光了军队，因而丧失政治资本，自忖那样的下场最为不好。故入朝禀报战局时，当皇后问何以能使她及少皇溥仪生命无虑时，他毫不迟豫干干脆脆地回答：唯有退位。

有时人评论曰：革命军之前仆后继，不抵袁项城寥寥数语。

此评未免夸张——没有革命军之前仆后继，袁项城又何出斯言?

但，袁的作用，确乎意味着逼宫迫退。双方千万军士，当时可延一死也。客观言之，此亦大德——尽管他有自己的算盘。流血的时代激变关头，拥兵十几万者，站队的抉择，联系着身家性命，不为自己考虑的人，毕竟是少数。

而那时的青年陈独秀著文厉语曰：1912 年前所生之国人当死！ 1912 年后之国人初生！

他的话的意思是，每一个国人，都应自觉地在人的进步方面，与清王朝一刀两断。

往后的事，不必细述。知者已知，不知者不知也罢。

下边所议，主要也是扼要地归纳文化思想力对那三千年来未有之变局的影响作用。

梁启超自言读龚自珍诗文时，有“如受电击”之感。而历朝历代之文官、文人士子中忧国忧民者，其振聋发聩之声，辄几能真被皇帝们郑重对待过呢？所以他们诗文中的慷慨悲歌，往往也成为一个朝代行将灭亡的挽歌。大抵如此。区别仅仅在于——或者那挽歌“唱”得略早一些，或者边“唱”边见其大势已去，瓦解在即，不可救药了。

梁启超追随康有为疾呼改良迫在旦夕之时，大清运象更加衰朽，亡兆显明矣。

然慈禧统治集团对此点是否也看得分明呢？

有时清醒，有时昏翳。

利用义和团要给西方列强颜色看看，这是昏翳之策；未达目的，反成尸怖京城的惨剧，于是宣战，是昏翳的继续。《宣战诏书》曰：“与其苟且图存，贻羞万古；孰若大张挞伐，一决雌雄。”哀壮倒是哀壮，但问题是——若放手任光绪实行改良，局面也许不至那样，或可为中华民族赢得缓吸定喘，再图振兴的时间。难怪当时的两广总督李鸿章发给盛宣怀、张之洞和刘坤一等重臣大吏的电报明确表示：“粤断不奉，所谓乱命也。”

“一决雌雄”的结果自然是又一次“贻羞万古”，也就不得不又一次发布“罪己诏”，其诏对列强的“宽大”感恩戴德：“今兹议约，不侵我主权，不割我土地，念列邦之见谅，疾愚暴之无知，事后追思，惭愤交集。”“量中华之物力，结与国之欢心”一句，尤见其昏。她似乎拿“人口红利”当成取不尽用不完的金银宝盆了，仿佛可自然补损。

但肯下“罪己诏”，此举本身清醒也。

她恨议康有为：“他们要改良，为什么不来找我？”——这话也有几分清醒，起码证明她自己也意识到了——不改良不行了。

接受建议，派大臣出国考察宪政情况——不管几分真心几分假意，毕竟属明智之举。

在七十大寿庆典前夕，下旨开赦“戊戌”事件在押犯，亦算明智；“唯康梁孙文三逆不赦”，实乃清醒、昏翳、任性与无奈交织的纠结心态。

清醒也罢，昏翳也罢，任性与无奈的纠结也罢，究其根由，缘自“一姓之尊荣”与“兆民之好恶”的关系在她那儿难以摆正。

她对“一姓之尊荣”负有“天定”使命，若“远协古圣天下为公之义”，则必觉“负九罪于列祖列宗”，而这对于她是比一再“贻羞万古”更死有余辜，愧对天地的事。

一个女人，不得不与历史潮势对抗，想来谈何容易，亦可怜也。

而隆裕太后又为什么似乎“深明大义”了呢?

皇子尚未成人，众臣抱臂旁观，派兵无兵，点将无将，孤儿寡母，不逊位又待怎么着呢?

“予与皇帝得以退处宽闲，优游岁月，长受国民之优礼，亲见郅治之告成，岂不懿欤。”——这绝对是想开了看透了的心态。

却未免太迟了。

但——若中国在最佳时机便实行了“君主立宪”，比如在乾隆年间吧，其后所历肯定会是康庄大道吗?绝不会又退回到战国时期或“五代十国”之战乱难息的局面吗?

民国后的中国实况，恐怕会使谁都不敢给出肯定不会的答案。

或许只能说，历史的发展，有自身的时刻表。哪一时期或进或退，或退一步并两步，或小步退大步进，亦有自身因循之“道”律。

从1912年至1937年抗日战争在中国境内全面爆发，其间不过短短二十五年。

该二十五年中，中国之况悲欣交集，劫幸重叠，似乎道不尽说不完，似乎常道常新，常新常异——然窃以为，下面几方面事，不论何时，都必将能以正能量担得起“三千年未有之变局”的历史定论。

第一，文字应用功能的改良。

这当然要归功于胡适与陈独秀。胡适首开风气，独秀保驾护航。二人的关系，好比孙文与黄兴——“三民主义”革命之初，二者不可或缺。而“文学改良”运动之初，胡、陈实为一人的两种表情——“胡表情”的善意温和，有利于团结一切可以团结的人；“陈面目”的凛凛正气怒目如炬，每令攻讦者有所顾忌。

“文学改良”之“文学”，远非小说诗歌之狭义，实际上使汉文字的功能与社会发展进步的关系突变，产生了也可以说是三千年未有的飞跃。

它使汉字在识听读（包括说）写四个基本方面，能较容易地普及底层民众——文言文时期，不识字的底层民众的文化悲哀在于，连掌控他们命运的官员及文人们的话语也听不明白。若两个官员当着一个底层人的面以文言合计是否要结果后者性命，后者完全可能像听外国语一样不知所云。而一个底层人即使穿上华裳丽服，只要一开口说话，立刻会暴露了没文化的短板。至于官方公文、布告，即使有人读给底层人听，倘无人讲解，大多数底层人也只能明白个大概意思。

就说清朝那逊位诏书吧——因是向全国全世界发布的公告，考虑到最广大的中国人能明白到什么程度以及各国翻译的效果怎样，已是自行采取了最白话的表达，但“商辍于途”之“辍”、“海宇乂安”之“乂”、“郅治”、“懿欤”之类字词，没有文言基础的人，不听别人讲解估计就不太明白了。尤其“拂兆民之好恶”一句，其“拂”虽用得妥帖，尊严有在，但“兆民”二字，委实含糊，绝不抵“四亿多人民”之具体的数字概念更触及人心。在此点上，文言的叙事弊端确乎在焉；每以形容代替数字的说服力——如“罄竹难书”“血可漂杵”“杀人如麻”“汗牛充栋”之类成语可见一斑。

而白话文运动，实际上首先是在提倡政府、官员、知识分子，当以说最广大的民众听得懂的话为荣，而不是反过来以卖弄文字，使最广大的民众听不懂为能事，扬扬自得。即使著文，也主张以前一种态度可取。果而如此，知识分子与最广大之民众的文化距离易缩短矣；知识分子团结最广大之民众推动社会进步非一厢情愿矣；官僚阶层世代凭借“先天”般文化优势蔑视广大民众的统治“天理”，在文盲依然众多的时期，亦可被“白话”潮流的进步之道所抗衡、对冲，发生最初的文化总格局的嬗变——“想怎么说，便怎么说”，“怎么说话，就怎么写”——胡适之此言，含意深也。

它使汉字漫长的文言过程对文人士子造成的一种思维积习得以克服——那积习每体现于辞藻堆砌，用典成癖，非诗非词非赋非联，虽只不过是文章，亦求对仗，合辙押韵，字词鲜见，显示才学。其表意陈情，往往寓象高蹈，矫揉造作，华而不实，不接地气。此类文章写多了，久了，连人也华而不实了——白话文恰可医此症。

白话文运动之深刻、广泛、久远的社会进步推动作用，亦其功大焉地影响了中国的近当代教育方向——当时持教育救国思想的人们，借力于白话文运动，使他们的实践在中国大地上四处开花结果。首先，以白话文编辑的课本，使从小学到高中的学子，接受起各科知识来印象明晰。特别是物理、化学、生物等课，是无法以文言编得概念昭然、易教宜学的。即使语文一科，白话文的教与学，也为孩子们呈现了一片汉文字魅力依旧的新天地。那时有幸入学的孩子，不仅可以领略白话文课本与文言课本迥然不同的新内容，接受课本所传播的新思想、新道德与情操的熏陶，还有白话诗文可欣赏，白话歌曲可共唱。课文不必再要摇头晃脑前仰后合地背了——从前某些不敬业的先生，只管督促着背，字性词义往往是懒得讲的，理由曰背得滚瓜烂熟了，年龄大了几岁，查查字典，自己就懂了。

有一例可证明此非编派——1952年，湖南大学评最高等级教授，资深教授杨树达与另外两位教授荣登其榜；杨树达甚觉羞辱，议二者之一曰：“他连《中苏条约》极浅之文字都理解不透，何以竟与予同级？”

1926 年蒋介石在北伐誓师大会上宣读的誓师词，因求格式之工，每句四字，反而使豪情受拘。

誓师词曰："国民痛苦，水深火热；土匪军阀，为虎作伥；帝国主义，以枭以张…… 吊民伐罪，迁厥凶酋…… 实行主义，牺牲个人…… 丹心碧血，革命精神……"

1937 年，其动员抗日之演讲，则又是一番意志的体现："我们已快要临到这人世悲惨之境地，在这世界上，稍有人格的民族，都无法忍受的。我们不能不应战，至于战争既开之后，则因为我们是弱国，再没有妥协机会，如果放弃尺寸土地与主权，便是中华民族的千古罪人…… 战端一开，那就是地无分南北，人无分老幼，无论何人，皆有守土抗战之责任，皆应抱定牺牲一切之决心。"

因为做到了想怎么说就怎么说，可谓直抒胸臆，其演讲反而句句铿锵，掷地有声。少了陈词，多了真挚。

从 1926 年到 1937 年，蒋介石在汉文字的应用方面也与时俱进矣。

总而言之，白话文之教与学，使中国的公学与私学教育，一并呈现前所未有之朝气，如霞光初灿。

第二，谈教育，绕不过蔡元培。

蔡元培任教育总长时，拒不执行袁世凯要求从小学到中学高中大学皆须置孔子像，纳"四书五经"内容为教材的指示，宣传应以美育阻止所谓"儒教"的推行。被免职后，便继续办私学，并著书阐述自己的教育主张。

若言蔡元培是中国近代“新式教育”的总设计师，大约歧议有也不多吧？而他任北大校长后，因北大之教育一向处于风口浪尖，其作用或可形容为北大之“伟大的纤夫”。

他关于“超轶乎政治之教育”“技能教育”“公民道德教育”“身体素质教育”“美感教育”“普及教育”等现代教育的基本思想，不但在当时深受中国教育界认同，中华人民共和国成立后乃至今天，“德智体美”全面发展，也仍是教育要求，并仍符合世界进步教育的理念。

为倡导公民道德教育，他还亲著了《中国人的修养》一书——即使当时，被公议配写那种书的中国知识分子也寥寥无几。

“世界上的大学校长，在某学科的建设卓有贡献的不乏其人，而能领导一所大学对全民族全社会的进步产生巨大影响的，迄今为止，除了蔡元培再无第二人。”

杜威当时对他的评价，可谓客观准确。

其可贵处还在于，身为国民党元老，却坚决禁止本党分子发展党员的行径活动于北大。不论教师学生，皆不网开一面。而对于学生中的涉共活动，虽心有不悦，然学生一旦因而被捕，却又积极营救。

一方面，当学生罢课分明将有大的政治举动时，他劝止无效，竟声色惧厉曰：“我要与你们决斗！”

另一方面，当学生果而入狱，却多方奔走，积极串联对当局的抗议。一俟营救成功，且自掏腰包，向学生供餐压惊。

其不但称得上是中国当时的教育之父、北大之父，亦可称为北大当时学子之父也。

关于蔡元培对中国近现代教育的贡献，各种评价都不言过其实。却有以下两件事，值得赘议。

其一，反对确立什么孔教以及禁止在校园促推孔子崇拜，无疑符合教育总长正当职责；但“四书五经”，毕竟属于学生亦应有所了解的传统文化知识，也严禁讲学，不似其兼容并包的襟怀。

窃以为，其意气用事，或许主要缘于对袁世凯的反感吧？袁氏乃火中取栗，窃国民革命成果者，作为身心投入地参加国民革命的同盟会元老，对袁氏的蔑视当属情理中事。而袁氏一死，他任北大校长不久，便诚聘辜铭鸿、刘师培、黄侃、陈汉章、梁漱溟等以尊孔为己任的“旧派”人物入北大任教，讲授国学——这便又自行地矫了“过正”之“过”了。

其二，蔡元培一生光明垒落，坦荡无私，身后名清白无诟病，纵腹诽者亦不敢贸然成文字。迄今为止，仅留一个谜团，即——最后一次辞校长职的简短声明中，除言极疲惫，竟引一典是“杀君马者道旁儿也”。此典甚陌，知之者无多，坊间一时议论纷纷，不知“马”喻何人，“道旁儿”辈又指谁等——此惑一朝有解，对于研究他当际心境，必大有帮助耳。

与大学教育景象相对应，陶行知尽毕生精力于乡村小学教育的实践，亦值得令人心怀大的敬意。其所面对之生源，绝非乡绅富户子弟，大抵清贫人家少年，甚至收纳流浪儿童。这使他的办学，具有了显明的慈善色彩。

教育是强国的根本，小学是教育的基础——他的教育理念，完全符合教育的体系规律，也是对梁启超“少年强则国强”之思想的行动化。

在到处兵荒马乱，农事难为，民不聊生的岁月，他的努力谈何容易，每为经费所愁切。尽管他和学生们开荒种地，自足菜薯，仍经常共同挨饿。好在学生虽然多为少年，但出身贫苦，对农事并不外行，能给予他坚守的欣慰。间或有捐助接济，然非定项支持，时有时无。

较之于蔡元培任北大校长，陶行知的坚守可谓筚路蓝缕，躬奋行之；然其属于越挫越奋人也。比蔡元培省心的是，他的学生因年龄稍小，不会卷入学潮；不如蔡元培洒脱的是，孑民先生动辄辞职，十年间辞职七次之多，且次次是被恭请才归的。陶行知是自己在办学，若辞职，他的学生们也就不再是学生了，甚或又成了流浪儿。

故只有坚守。英年早逝，实因多年操劳所致。

陶行知——他可以说是一位被中国近现代乡村民办小学累死的人；一位甘愿以一己之努力，为中国草根阶级的孩子们在知识化的坎坷路上提灯照明的教育殉道者。

吾国吾民，实不应仅仰蔡元培，仅知梁启超那句“少年强则国强”的名言，却淡忘了陶行知其人。果而如此，负国义民义也。

黄炎培曾经蔡元培介绍加入过同盟会。蔡元培于清末辞官办学时，黄炎培也曾求学其名下，故二人有师生谊，亦师亦友关系。黄炎培得以考中清朝最后一批举人，显然受益于恩师的国学功底。而他后来一度致力于兴办中等“技能学校”，也显然是为了推行恩师“技能教育”的主张。

黄炎培运气好于陶行知，他回家乡办学时，受到一位石匠出身的富户的鼎力相助。对方的发达过程，类似现在农民出身的包工头的发家史。黄一公布消息，对方立即奉上了九万多银圆，那在当时是一大笔钱。并且，对方还命自己的儿子成为“技能学校”的第一届学生。自然，黄的两个儿子，也为其父起带头作用。那由石匠而成了富人的人死前，将家产整合，除了留一小部分供后人度日，竟凑齐二十万两白银捐给黄炎培，以作办学固定基金——可谓厚资，保证了黄炎培的办学事业较为顺遂。

细析之，不论办私学公学，办学人的知识出身，实为要点之一，办“新学”也不例外。甚或正因为办“新学”，尤其重要。虽然“旧学”模式已江河日下，旧“学位”的含金量，还是被坊间民间所极看重的。进士出身的前清翰林且任过教育总长的蔡元培为弟子黄炎培出任校董，且黄本人亦是往后不可再生的举人，这些非同一般的前提，不是任何办私学的人所能相提并论的。

蔡元培之于黄炎培，恩师之扶持影响力的确在焉。

与资助黄炎培办学的“义石匠”相比，南洋华商富贾陈嘉庚对家乡教育事业的慷慨资助，使他成为当之无愧的爱国华侨楷模与领袖。1913年1月，清廷逊位的第二年，他便全资在家乡办起了小学。之后，接连办成了幼稚园、中学、师范、水产及航海专科学校，并为各学校设立了图书馆、科学馆、体育馆、美术馆、音乐馆、礼堂、医院、银行等，形成了当时国内规模最大的院校村，也可以说是国内独一无二的教育基地。

清廷最后一位学部侍郎严修及最后一位状元张謇，在中国近现代教育事业进程中的作用，也都举足轻重，南北互映，世人公认，史不能阉。众所周知，张同时又是当时举措风生水起的实业家，而严为南开大学创史人张伯苓的知遇贵人。借力于民族资本主义笋芽迅长，青竹勃生的优势，中国近现代教育之图景轮廓渐明。“一时多少豪杰”六字，用以形容彼时局面，不算枉论。“豪杰”者，不仅指达人名士，当然包括百千万孜孜办学的无名而有迹的人。若谁遍觅从前的县志、乡志，定可惊讶地发现，几乎县县必有那样的人，半数以上的乡存在过他们办的私学。许多人正是“新学”毕业的学子，办学既是个人谋生方式，客观上也繁荣了中国近现代教育。只要是一所有规模的学校，便有权自编教材，自立章程，自定检验教学质量的标准。

第三，新文化运动，也推动了中国近现代报刊业的发展。报章和书籍内容通俗易懂了，识字且关注国家之事的人多了，报刊的受众自然多了。仅当年的北大学子，胡适的学生傅斯年与同窗们编的一份学刊，经年便发行到一万余份。此事亦足见蔡元培身为校长的爱才眼光，他热忱支持，拨发可观经费以促其成。

报业尤其兴旺的上海，当年某条街上，即有报馆多家，牌匾接目呈现。一方面解决了文科学子的就业问题，一方面使舆论监督有了可以形成合力的新闻与评论平台。“使乱臣贼子惧”——孔子修《春秋》的初衷，在后来的当时，几成中国气候。并且，由而产生了一批著名的职业记者与报业家。连瞿秋白任中共领导人前，也曾以记者闻名。其他报刊与出版业重量级人物，有历史常识的人皆知晓，举不胜举，略过可矣，不赘述。

第四，新文化运动，进一步促进了中国女性的知识化、社会化、人格及精神之独立意识。

实际情况是，在新文化运动前，早有女性先驱们为此努力了——1898 年，谭嗣同之妻便与康广仁（康有为一弟）之妻合办了《女学报》，于是产生了中国近代第一份女报，由三十多位女性担纲主笔，影响逾国。此外，出现了《女子世界》《神州女报》等女性办女性撰文面向女性的报刊。到 1907 年，仅天津一市，女子学堂已多达一百二十余所。论新文化运动的潮流，不可不提女性先驱们的首勋。因白话文的易懂便写，使中国妇女解放运动“好风凭借力”，也是事实。除女性报刊的增多，面向儿童少年的报刊也出现了深受他们喜爱的新种类，如《小朋友》《儿童时代》《少年时代》。

第五，最为“好风凭借力”的，当然更是文学。白话小说、散文、诗与杂文、时评政论、小品文、读书随笔、文学艺术评论，争奇斗艳，你花开后我花发。报刊与文学互利双赢，确可以繁荣二字形容。自然，文字交锋鏖战与“口水仗”此起彼伏，民主与民生言论层出，文化与文明主张常见，各种主义之宣言激荡、冲突、共存，比春秋时期还要芜杂多元，像极了西方的文化启蒙世纪。白话文也使中译外、外译中变得较为得心应手，促进了中外之文学的、文化的、自然科学和社会科学的互相了解、介绍、欣赏、借鉴——总体来说，因为中国落后的方面多，西方现代文明的方面显然，西风东渐远超过于本土文明与文化成果的输出——在后一点上，最有资本一傲的倒是保皇心至死不泯的辜鸿铭，因为他用英文翻译的古典诗词与古文化经典最早最多……

综上所述，民国时期似乎便是近代中国之一个最好的时期了？

实则不然，以上只是文化及思想景象单方面状态，或曰仅是近代以来知识分子特别是文化知识分子单方面的感觉。但一个国家，一个时期，好与不好的史论，也要看最广大的人民大众的感觉如何。

从史中难以觅见他们直接留下的记忆。

幸而有人可以替他们间接留下印象——便是民国之父孙中山。

辛亥之后，孙中山曾悲言："夫吾党革命之初心，本以救国救种为志，欲出斯民于水火之中，而登衽席之上也，今乃转生出无数强暴之专制，其为毒之烈，较前尤甚。反令民之陷水益深，蹈火益热，与革命初衷大相违背……"

这乃因为——袁世凯死后，民国政府班子更乏实际权力可言。清廷时的封疆大吏，曾因其逊位，一度摇身一变成为民国之地方长官。他们碍于袁氏毕竟是逊位诏书中指定的组阁人，并且自己成了大总统，虽皆心有不服，却也都不便公开竖起反旗。但袁世凯一死，群龙无首，中国再度陷于"领导班子"半虚空的局面。新军阀们其实都乐见此局面呈现——或企图据省独立，拥兵为王；或生更大野心，觊觎大总统宝座。一时间，所谓"自治"舆论，再次甚嚣尘上。而军阀麾下，经常发生哗变、分裂、叛离的情况。于是如鸡生蛋，蛋生鸡般，衍化出众多小军阀，也割据一方土地，占领一座或几座城市，过诸侯王之瘾。鲁迅诗"梦中依稀慈母泪，城头变换大王旗"两句，正是当时国家局面的逼真写照。军阀们之间互不安生，你欲吞并我，我欲消灭他。军阀战争，遂成民生大患，土匪趁隙滋生，更使黎民深受其害。军阀欲剿收土匪，以充兵源。土匪也袭击军阀部队，抢军火，掠给养，以壮大自己。是故，使黎民苦不堪言之事，兵灾第一，匪祸第二，自然灾害第三。

自然灾害不可避免。但若天灾人祸并加于民间，民间苦难重矣。从晚清到民国，民间历经惨乱，又遭八国联军攻占北京之烧杀，继而历经北伐及后来的军阀混战，已可谓千疮百孔、哀鸿遍野了。清末时期，背井离乡之民多时已达千几百万，至民国，近两千万矣。初是逃灾避难的流民，渐变为有家难归的游民。游民所到之处，居无定所，生无稳业，有堕为盗者，有沦入帮门者——于是帮会发展有声有色。

凡帮会，或易进严出，或严进严出；总之一旦进了，出来就不由自己了——凡此类帮会，性质上其实便是黑社会。

东西南北中各路游民，隐裹着形形色色的帮会组织，所到之处，不论城乡，都使民间太平日子更加稀少。士农工商，皆难避兵、匪、帮会三害叠加之苦。

前所述民国之种种曙光般的新现象，如币之一面；而另一面，如人间炼狱也。新现象在大都市，炼狱似的一面，在民间的最底层。

蒋兆和的《流民图》，是当时画家用画笔留下的在现场性的历史画像；而鲁迅的小说《肥皂》，也对人口买卖给出了证言。

至于文化，在民间的最底层中，传统的已然瓦解，现代的尚未成形。

再至于文艺，实际上接近是没有了——乡村的普通农家的孩子，不复再能像鲁迅小时候那般看到社戏了；小镇的劳动大众，也很少有幸在菜馆听段评书了；二三级城市的中产人家，家里能订份报看连载市民小说的，就算是少有的文艺欣赏与享受了。

民国的另一面，在《阿Q正传》《祝福》《孔乙己》《茶馆》《春蚕》《包身工》《为奴隶的母亲》《月牙》《骆驼祥子》中……

难怪乎孙中山出那种悲怆之言；

难怪乎蒋介石对军阀笼络与憎恨交织；

难怪乎底层常有人叹曰：还不如大清朝年光好的时候！

中国之文化启蒙，实际上，“五四”之前已成景象。严复所译之《天演论》，未尝不可以视为第一次文化启蒙的“破冰事件”，其影响远超过其他翻译书籍或文章。由是，乘风者众，或出于开启民智，易变民习的真诚，或只不过为了成名获利。

梁启超斯时著文，认为“欲新一国之民，不可不先新一国之小说；欲新宗教，必新小说；欲新政治，必新小说；欲新风俗，必新小说；欲新学艺，必新小说；乃至欲新人心，欲新人格，必新小说。何以故？小说有不可思议之力支配人道故。”

梁氏文风特点之一，便是每将观点推向极端。其所言“人道”，亦非仅指人道主义，而是包括人道主义在内的全部做人准则——那些准则，《三字经》《千字文》《弟子规》等蒙学读本中不是一再宣扬了吗？孔子思想、《朱子家训》、经史子集里，不是也一再强调了吗？

然而梁氏看出了问题——只教诲得了学子，难以深入民间。

应该说他看得还是比较准的，但问题的另一面是——小说足以救国乎？若国还是老样子的国，民又怎么能靠新小说而如其所愿成为新民呢？

有怎样之国，亦有怎样之民——他回避了这样一个辩证关系。

他所言的新小说，是相对于《三国演义》《隋唐演义》《水浒传》《七侠五义》《封神演义》《西游记》《聊斋志异》《红楼梦》等古典小说以及与之相关的评书、戏剧的一种概念。

附合其观点的有两种声音。

一种予以发挥，以法国为例，认为“今日法人之安享共和政体之福，皆小说诸家之所畀”。

这种附合，强调文化启蒙促进了法国大革命的功绩；与梁氏貌和，其“道”相左。

一种予以深究，认为如上小说、评书、戏剧，皆毒化民心之根源，“其文采愈足以自饰，则其流毒愈深极远”。——于是自成小说害民亡国论。这不是梁氏本意。梁氏虽鼓吹所谓新小说足可新民，但还不至于“极左”到认为旧小说、评书、戏剧都该一扫而光的程度。

反对梁氏的声音也是有的，同样从国与民的逻辑关系上表达质疑。

一个事实确乎是，在关于小说的大讨论时期，新小说如雨后春笋般多起来，从政治小说、侦探小说到冒险小说、言情小说、苦命小说、复仇小说等等，种类极为繁多。因广受欢迎，报刊每登广告以高酬求稿。而最为盛行的，乃翻译小说。因为是西方国家的现代小说，对于中国人，似乎最符合新的概念。

20 世纪 20 年代时，某些风华正茂的革命家也曾是文学青年，瞿秋白发表过很“布尔乔亚”的抒情诗；方志敏发表过小说；张闻天的诗作和散文频频见报，并且翻译了不少外国文学作品。今人对陈毅的律诗已不陌生，而他当年发表过多首特抒情的白话诗。

那时，有三座城市，最能从政治、经济、文化三方面折射出时局动荡、民心涣散、四分五裂、难以整合的中国形态。

北京朝野内外，仍在为中国的体制问题而各派角力，明争暗斗，每每刀兵相向。致使古都上空，经常乌云密布，官民各界，每每人心恓惶。

广州人则有两类——一类一门心思将革命进行到底；一类趁乱捞钱，官倒民倒齐踊跃，猪往前拱，鸡往后刨，不但贩货，而且贩人。

上海因为租界甚多，占足开化风气之先势，遂成新文化丛生之地，书肆林立，皆以专出新小说为招牌。翻译小说的广告最为抢眼，读者最多，销量最畅，读新小说几成一切识字之人的时髦追求。这一种态势，迅速扩大向江苏、安徽、浙江周边三省。新戏剧也如火如荼，良莠参半。

后来，生理卫生书籍大行其道，尤是《保精大论》《男女交合新论》之类“性爱宝典”成为许多识字青年的枕畔书。

而于这等出版业的发达盛况中，“哲学”一词也进入了中国文化知识分子们的视野——黑格尔、叔本华、卢梭、孟德斯鸠、伏尔泰、尼采等名字，频频现于学理报刊，致使章太炎、梁启超、王国维等学界“大腕”，一再著文予以阐释、批判，每起论战。他们还要抽出精力来，关注市民阶级的读书倾向，指出哪些书是出版界哗众取宠，只为赚钱而出的“垃圾书”，而哪些书才真有科学知识普及、人文启蒙的价值，以肩“文化导师”的使命。结果常引火烧身，树敌成靶。总之，都够忙的，够累的，够操心的，够忧虑的——大约，也觉活得够充实的。

想象一下当时上海的情况，那种文化热的局面，似不逊于20世纪80年代以降的“新文学时期”；与后来中国网络时代的“自媒体”情况可有一比。那似乎是一个没人管的文化时期；也分明是一个人人言论权利平等的时期。什么名流、前辈、师长、同窗、新交旧好，理论起来，没大没小。总体上，就事论事言理的多，损辱人格的现象少。

对于清末的上海本地人，所谓“政局”似乎是这样的——清朝廷虽然尚在，但与“阿拉”何干？它派驻留辫子戴顶子穿袍子的官员吏役，实际上对本地的管辖权非常小。“犯法”二字，在上海有两重意思：一指犯清朝的法，二指犯租界的法。犯清朝的法可逃入租界暂避一时，若租界洋警局不配合，清朝的捕头们干没辙。

若犯了租界的法，那在上海就无处可逃了，清朝的上海官想不管都不可以，洋警局绝不会答应。是故，情况变成了这样——上海虽是中国之城，但上海地方官在当地是低于洋官员的二等官；清朝的法是低于租界法的二等法；清朝的执法者是低于洋警察的二等执法者。“大清”的官员以及法和执法者，在自己国家的城市沦为二等了，也就难怪上海人不怎么拿“大清”当回子事了。在上海人看来，所谓“大清”，只不过剩下了个空架子而已。若革命党真能将它的命给“革”了，上海人像大多数汉族人一样是乐见其成的。若一时还做不到，上海人也不是多么的急。十八年都等了，再等十八天还是有那耐心的。因得开化风气之先，上海几无心有保皇情结的人。也因得开化风气之先，上海之多数人，不分阶级地，对“大清”的腻歪远胜别省市的人，对自己那种腻歪的忍性，也远高于别省市的人——毕竟，“大清”的腐朽气没落气和焦虑烦躁的晦气，离他们较远，对他们的辐射已微乎其微。

前边所谈的文学现象、理论现象、出版现象——广而言之，文化现象，形成于上海，如形成于香港一样自然。实际上那现象比香港还生动、活跃、色彩斑斓，因为香港当年不曾云集了那么多的文化知识分子，仿佛全中国的老中青文化知识分子多数集中到上海了。

后来相对于“京派文化”的“海派文化”之说，细思忖之，其基本特征，或曰与“京派文化”的最大区别，似可概括为“自如”

二字。此特征，即使在论争最严肃并且似乎特重大的问题时，也给人以“举重若轻”之感，而不会出现什么黑云压城更不会出现什么剑拔弩张的局面。

似乎也可以说，在辛亥革命之前，在上海，“大清”已名存实亡了。

抚去文化的文艺的现象看旧上海，其当年的全貌像当年的旧中国一样，也分分明明地呈现着撕裂状态。

英国作家阿尔多斯·哈克里斯曾这样评说上海：“没什么地方有比那里更刺激的生活可以想象了。”

20 世纪 20 年代时，上海已近三百万人口。

它有众多的企业家、成长中的中产阶级、具有各种主义和思想的青年、大学生。

作家、画家、音乐家和电影制作人估计并不少于纽约、巴黎。

80 年代，外国电影史学者看了三四十年代的上海电影，惊叹水平之高完全可与当时的国际水平相提并论。

当年，全中国一半以上的公交车、私家车在上海。

它是经营着全中国一半以上对外贸易的巨大港口，有中国最大的船坞；

它是中国最主要的工业与金融中心；

它拥有中国一半左右的工厂，四万多名工人；

外国在华投资的三分之一融入上海经济链条。

上海发电厂是旧上海活力的象征，茅盾的小说《子夜》描写过其厂房顶上的霓虹灯光，火红与荧绿色闪烁着几个英文大字——“光明、热情、权力”。

它是大量小商人、小店主和代理商的温床。外国商业大亨和形形色色冒险家的涌现，使上海在资本主义商业化的光环之外，又佩戴着殖民地现代化的徽章，而租界是那种徽章的城市造型。仅法租界就五十万人之多，但法国人只不过一千四百多人，外国人总数不超过两万——这从一个侧面可见上海当年的富人之多。

但当年上海的穷人更多，成千上万人租住在污秽不堪的河流上的小船舱中；工人们往往三代居住在小巷口的旧危房中，露宿街头的乞丐比比皆是。他们像牛马一样劳动，挣少得可怜的钱，完全没有尊严和生命保证可言。纱厂里的女童工们经常被热水烫伤。一位外国记者在报道中这么写——看到有起码一百个婴儿在弥漫的水汽中躺在长凳上，而他们年轻的母亲是贿赂了工头才将他们偷偷带入车间的，她们没办法。

穷工人的出路几乎只有两条——要么加入黑帮寻求庇护，要么暗中接近共产党发誓改变社会。

那名外国记者引用外国谚语说：“上海是由一层厚厚的地狱和一层薄薄的天堂组成的。”

如果说上海发电厂当年由霓虹灯组成的“光明、热情、权力”象征着一座城市的貌相，那么，它只实现着极少数人的梦想，与众多中国人的梦想是无关的。

全中国的人都没想到，辛亥革命会结出袁世凯称帝的劣果。牺牲了那么多仁人志士的性命，流了那么多好男儿的血，用民间的话说："不承想弄出了个这！"

严复对"大清"的感情并不比王国维浅；他是连君主立宪都不赞成的人；他当清朝的官当得很有感觉，也很尽职；他主张改良，而改良是为了"大清"能重新强大起来；他认为比起元、明两个朝代，清朝的总体表现是不错的，二百六十多年的统治并非是暴政凌民的一贯统治；他为"大清"的灭亡扼腕叹息。在写给朋友的信中，诅咒梁启超这个君主立宪主义者罪该万死——"小说救国论"实际上起到的是使"大清"速亡的"坏"作用。

梁启超得知后反唇相讥：是他翻译《天演论》先带了个坏头！

而在王国维看来，他俩是一路货色，都是唯恐天下不乱的人。

而在北伐革命将士看来，大时代的潮流当前，文化只分三类——革命的、不革命的或反革命的；而三人都介于不革命和反革命之间。

后话是——王国维的死，与自己心谙此点不无关系；傅斯年主持民国政府中研院，为梁启超之子梁思永向财政部打申请补助的报告时，还不忘在文中加了一句："人家的父亲虽是我们的敌人，但其在文化传承方面毕竟多所作为。'逻辑'一词是其发明，仅此一点，即可谓贡献……"

“敌人”二字，意味着在国民党核心人士那里，前账是无法忘记的。但傅氏毕竟非是彻底的政治动物；相反，是骨子里的知识动物、文化动物，故其看人，首先还是着眼于知识与文化方面怎样，不能不令人觉得可爱。

而国民党元老蔡元培任北大校长期间，不但连自己明知是共产党人的陈独秀、李大钊也聘用，连死不悔改的保皇人士辜鸿铭也“收编”了过去，其为民国所做之“文化统战”工作，真是堪称卓越。

如果说袁世凯称帝开了中国人一次冷玩笑；如果说北伐又使国人看到了国家翻开历史新篇章的希望；那么发生在上海的“四·一二”事变，则一下子使中国跌入了“革命”后的恐怖深渊。

上海曾经“自如”发展的文化局面，从此戛然而止。“海派文化”也随之面目全非，仅成历史话题矣。

连当时主张“为文学而文学”的“新感觉派”的主力作家们，都因那“恐怖”的气氛而离开上海，各奔一方了，足见那事件对于文化人是多么巨大的刺激。

是故——被国民党人视为“敌人”的梁启超们也罢；被共产党人视为“敌人”的胡适们也罢；先被国民党视为“敌人”后来又被共产党视为“敌人”的许多文学的文化的人士也罢——说到底，其实都不具备成为任何政治集团的敌人的能量。

单靠文学、文化肯定是强不了国的。

若一种政权瓦解了，如清朝、如民国，也不可能仅仅因为文学、文化起了破坏作用；一定有其自身不可救药的原因。

举凡革命，则必号召暴烈的行动，否则无法制胜；而举凡文学，大抵遵循人性立场，违背则遭谴责——此二者之核心主张的根本区别。

举凡革命，皆需昭示理想，于是必维护高尚激情；而举凡文学，总是面向民间，于是每见现实之常态——此二者之“规定行为”的不同。

即使拥护革命如雨果、高尔基者，后来都与革命发生意见分歧，正是由于以上两种原因。

“存在的即合理的。”——此言不但适用于解释革命，也同样适用于解释文学、文化。

21 世纪的中国，若能以超乎以往任何时代的包容性看待文学与文化，则新时期之新又加分也。

国家的文艺气质

世界各国曾被从制度上划分；后来被从经济发展水平划分。

是否也可以从文化方面划分呢？

我觉得也可以。并且确实被这么划分过。制度不同，文化自然打上制度的烙印。从前我们说别国的文化是资本主义文化，修正主义文化；说一切古代文化是封建主义文化，都应被抵制，态度坚定决绝。人家也视我们的当代文化是政治的附庸文化。

俱往矣。

20 世纪 80 年代不但是中国改革开放的初始，也是世界开始变"平"的初年。世界不是一下子变"平"的，也不仅仅是靠电脑和手机变"平"的。自从人类开始懂得在文化方面应该互相尊重的道理，世界就逐渐在往"平"了变了。中国从 80 年代在此点上表现主动，中国又是人口大国，故可以说——中国对促进世界变"平"是有贡献的。

80 年代的时候，多部美国电视剧在中国播放过，其中一部是政治片，黑色幽默风格，讽刺政客的。台词中，有两个词每被说到——一曰“微速发”，一曰“微次发”，每被是议员的男主角在不该说错的场合说错，于是引出一连串“黑色”情节——前者指经济快速发展的小国，后者指经济发展水平很低的小国。那位议员一向主张的外交政策明显地嫌贫爱富，遭到女儿一针见血的批判。

地球村的国家现象太特别了——十万人口以下的小国有数个，人口最少的小国才一两万人左右。大抵是岛国。多在美洲、非洲，欧洲也有。人口百万左右的国家则多了。若在古代，这样一些小国是难以存在的，要么被吞并了，要么会干脆被灭。它们在当代世界的安然存在，证明人类的确进步了。

在20世纪80年代，百万人口左右的国家，不论经济发展水平良好、较好或不好，在文化形态方面有一个共同的特点——所持基本都是“文化自然主义”发展观，这很符合中国古代哲人特别是老庄们“顺乎时宜”的思想。

“时宜”者——当下只能做到什么程度，所以应该怎么做的主张。也不仅是国家主张，还是人民的态度。

在那些百万人口左右的国家，宗教向来是核心文化。文艺是文化外延。有的国家并无本国文字，新闻出版业非文化主体，文艺之“文”成就有限，但是它们却能将“艺”的功能最大化地予以利用。如果不是与旅游发生关系，世界很少报道它们的情况。如今旅游已成人类爱好的潮流，故 20 世纪 80 年代至今，它们的旅游业收入逐年增加，国计民生都在不同程度地向好。有的国家还被大国人视为“世外桃源”“人间福地”。

在它们那里，从不讨论更不争论什么是文化，什么是文艺，文艺能不能代表文化；在它们那里，文化广泛体现于民俗风习、节庆活动，而此两方面，又相当情愿地继承了传统；有特色的歌舞表演、俗习呈现，以其精彩而可持续地吸引外国游客。

它们因为小，在一切方面从不参与世界性的竞争。“争”在它们从国到民的字典中仿佛不存在似的。它们只是切实地做，从容不迫地做，一如既往地做，于是越做越好，越有特色。由于不争，反倒每给别国人一种自信的印象。别国人特别是大国人到它们那里，几乎都会有种不同寻常的感觉，便是少浮躁焦虑之气。

它们与传统的关系是那么的亲，继承愉悦，绝非被迫。它们与现代的关系也是那么的紧密，一切现代的益处，都尽可能地被接受和享受了。

我很欣赏它们的“文化自然主义”发展观，很尊敬它们循着符合各自国情的文化发展道路的从容而明智的选择。

从长远看，它们的文化发展道路，必将熏陶出一小部分不同于当代大部分人类的新人种——即不争而自适的人类；此新人类不同于安贫乐道、故步自封的人类，乃是既能与时俱进又能进取有度的人类——相对于全世界国与国之间愈演愈烈的方方面面的竞争，它们的存在似乎具有置之度外的超前智慧性——人类的生存形态在许多方面日新月异地变了，唯独在国与国争、人与人争一点上，从没变过，离“天下大同”的理想还很遥远。

当然，并非所有小国都已是理想国；半数那样。它们的人民，多半之生活幸福感，绝不低于经济大国的人民。

世界上还有些国家，人口在五百万或一千万左右。其中某几个国家，却能在各方面令世界仰慕。用时下中国年轻人的话说，那些国家很“厉害”——它们的“厉害”也充分体现在文化、文艺方面。

在它们那儿，文化是文化，是以文字成果为概念，以思想比重为前提的；而文艺是文艺，是文化的演变现象。这两者它们一向分得较清，从不混为一谈，也绝不会本末倒置，错乱关系。在它们那儿，不但没有“文化产业化”的提法，即使对文艺也不倡导“产业化”。也许，它们认为，“产业化”是背离文艺本质属性的吧？谁知道呢。它们从没发表过任何文化宣言，世界对它们的文化主张知之甚少，只能以它们的文化现象就事论事。

比如奥地利——面积八万多平方公里，人口八百余万，才是北京现有人口的三分之一。

奥地利是德语国家、天主教国家，罗马天主教为国教；同时也是工业经济发达的国家。

奥地利人崇尚文学、音乐、绘画、雕塑、建筑艺术。他们曾经产生过的文学流派很多，绘画与雕塑艺术的流派颇多，在造型艺术方面达到过令世界公认的高峰。读书，听音乐，看歌剧是他们主要的爱好，首都维也纳有“音乐之都”的美誉，多位世界级的音乐大师在那里度过创作和演出时光。维也纳新年音乐会久已蜚声全球，每年都有近十亿人收看电视直播。

普遍的奥地利人对文艺的选择态度都近乎严苛，他们的标准一向是欣赏价值而非娱乐口味。这使任何旨在以娱乐性高而大赚其钱的文艺，面向奥国都根本打不开市场。倘以国家为集体在全世界选“雅人”，奥国人的排名肯定靠前。其八百余万人中，至今已有十八人获得诺贝尔科技成果奖。解剖学、神经外科学、矫型学、心理学等多种学科的先驱人物都是该国人。第一位奥地利人获诺奖距今已九十年，那时奥地利才五百万人口左右。

“一战”和“二战”，也使奥地利国民经受了严重的创伤。

他们后来究竟是怎么做到的?

我试图给自己一个明白已经很久，却一直想不大明白，只能从逻辑上并非多么自信地推断——某类宗教之传教场所，方式具有显然的诗性和既肃穆又愉悦心灵的文艺性，如优美的管风琴声、童声唱经班、民间自发组织的诵经活动、友善互助的教义要求，长期地影响一代代人们，使人们自然而然地形成了亲近优质文艺的共同习性。此种共同习性，进一步决定了其文艺的优质性，遂成基因，生而有之。这种对优质文艺的共同的亲近，使劣质文艺在本国没有自生环境，由外来也会遭到共同排斥，于是造就了一部分文艺爱好方面具有典雅倾向的人类。这部分人类的共同特点是——对文艺的欣赏愿望远大于娱乐愿望，并且喜欢与家人、恋人、朋友共同欣赏；独处之时喜欢读书，对书的选择也像对文艺的选择一样排斥劣质。他们远行时总是会带着书籍，在周围皆“手机控”的情况之下，一点儿也不会因为只有自己一个人在读书而不自在。他们在别国观光时，身处喧闹之境，眼见刺激场面，自己也大抵不至于因之表现亢奋，只不过会情不自禁地镇定地拍照——这样的一些人类，依我们大多数中国人看来，未免太过古板。实际上他们一点都不古板，比我们更是感性的人。但促使他们激动的事，与促使我们激动的事往往不一样。所以他们的国家人口虽少，人口素质明显的高，可被集体视为地球村的优秀公民。

世界上类似的国家很有一些，如丹麦、瑞典、瑞士、芬兰、挪威、爱尔兰、匈牙利等。这些国家的人在性格上并不都像奥地利人那么具有“文艺贵族”般的气质，但他们对于优质文艺的偏好，对于庸俗无聊的文艺现象近乎本能的排斥，与奥地利人却是一样的。

这不表明他们是拒绝欢乐的人类。

也不意味着他们在文艺接受心理方面有什么洁癖。

他们只不过是一些欣赏愿望远远大于娱乐愿望，并且欣赏水平已无法再降低下来，使自己成为庸俗无聊的文艺受众的——人类。

即使同样是欧洲国家，同样是以天主教为主要信仰的国家，民风民俗以及所养成的民族性格也会大不相同。如比利时，并未定天主教为国教，但一千余万人口中，90% 信奉天主教。与绅士做派十足的奥地利人相比，他们显得喜欢热闹。比利时三五日就会有一次集市、节日或嘉年会。五花八门，内容都少不了文艺表演。比利时的民间文艺社团是世界上最多的，仅首都布鲁塞尔就五百多，以合唱团、乐团、剧团、绘画与雕塑爱好者为主。简直可以说，比利时是世界上将文艺与民间生活结合得最密切的国家——但该国并无什么文艺的产业链，人们也不考虑文艺产业化的问题。他们喜爱文艺，是相当纯粹的喜爱，与商业目的关系不大。至于吸引了更多的外国旅游者，那是客观结果，非主观的目的。在旅游淡季，他们该热闹也热闹——因为那是为自己快乐，非是为了快乐给别人看。

他们为什么会那样呢？因为是世界上人口密度最高的国家之一吗？谁知道呢？果而如此的话，那么似乎可以推导出一个规律，即——人口密度越高，人对娱乐的心理需求越大；倘普遍生活还算不错的话。

与奥地利人倾向于欣赏高雅艺术这一点相比，比利时人对文艺的态度是雅俗并包，一视同仁。但所谓“俗文艺”，在他们那里是指民俗色彩浓郁，欢乐指数较高。像奥地利人一样，他们难以容忍庸俗无聊。化装成马戏团小丑的杂技表演是兼容并包的底线。

我曾问过来自比利时的友人，他们是否喜欢英国“憨豆先生”的滑稽小品表演?

不料他们都说不喜欢，因为没有文艺含量。

他们又补充说但喜欢“憨豆先生”主演的几部电影，因为有文艺含量。

文艺终究要有些“艺”的含量，并且终究要恪守“文”的底线——比利时人对此点特坚持。

若将国家人口扩大到一亿及一亿以上，那么巴西人的文艺观是不能不说一下的。

巴西的国土面积比中国少一百多万平方公里，但人口比中国少十二亿多。他们对足球运动的热爱举世闻名，对歌舞的喜欢也发乎性情。他们的节假日也很多，在一年一度的狂欢节上，装饰有彩色大羽毛的巴西女郎们风姿绰约，美艳四射，永远吸引旅游者们的眼球。

这样一些寻欢作乐起来仿佛个个都是酒神儿女的人类，在日常接人待物方面，却又都是那么的彬彬有礼，极其注重言行及一举一动的得体。除了与人约见时可能会迟到，别国人很难再挑出他们在社交方面的不得体来。

巴西人又没从小都学过《弟子规》——他们为什么会表现得都像按《弟子规》教导出来的人一样?

娱乐氛围浓重的社会习俗，为什么不但没有消弭掉这个国家的人们工作和学习的上进心，反而极其显然地有益于他们的大多数在现实生活中不畏困难，自强不息；并且大多数以人助人为乐，遵守公德为习？

如果我们将目光投向澳大利亚、加拿大，则会发现当代人类与文艺的另一种关系——去除低俗之后全面接受的关系。这两个国家由于地广人稀，文艺现象难以形成欣欣向荣的局面，主要集中于首都，而且并不活跃，这使它们对文艺最能持一种寻常看待的心理，从不会因为自己国家的文艺不够繁荣而自卑，也不会因为本国人对任何外国文艺的喜闻乐见而忧心忡忡、焦虑不安。他们的文艺理念特别豁达，对一切国家的文艺出现在本国都持欢迎态度，但绝不会为此买单，也绝不会为了任何目的发出主动邀请。两国人到外国旅游，经常带回外国文艺的音像制品和书籍，以便日后仍能经常欣赏。年轻人之间，也互赠音像制品作为示好礼物。许多家庭都有专门保存外国优秀文艺音像制品的橱柜，每向客人展示。两国人民都十分热爱自己的传统文艺，也十分重视传统节日。在传统节日里，各自的传统文艺表演声色并隆，带给本国人民极大娱乐——这里不得不谈一下人类对娱乐的需求指数的不同——有的国家的人民表现得十分强烈，有的国家的人民，欣赏需求远远大于娱乐需求。他们从不通过文艺市笑，也从不会以花钱买笑为人生必需。不但澳、加两国人如此，英国、法国、德国、意大利、俄罗斯、荷兰、匈牙利、挪威、智利、波兰，还有其他许多国家的人都是这样。他们的生活并未因此而少乐趣，他们通过别样的爱好使自己的生活更加丰富。如澳国人对体育的热爱；加拿大人对冰雪雕塑艺术的情有独钟；荷兰人对花和园艺的热爱；俄罗斯、波兰、匈牙利、挪威、智利人与文学和书籍的亲密关系——在后几个国家，别国人很快就会找到文学知音，于是融入某个民间的文学爱好者群体。

以上国家的人们，对文艺之事，也基本上持“自然发展主义”的理念。细审之，全世界绝大多数国家的人们之文艺理念，基本如斯。而且，都能在文艺自给自足方面做得令本国人满意。他们从无文艺自卑，也从无文艺自负。

日本在成为亚洲经济腾飞“四小龙”之一的年代，文艺“走出去”的劲头特足，韩国紧追其后，也极欲在“软实力”方面吸引全世界眼球。今天看来，韩国当年真使别国眼前一亮过的，只有电影。日本除了电影，还有文学争光过。如今，这两个国家的文艺，也皈依了“自然发展主义”的理念——这进一步验证了老子“夫唯不居，是以不去”的观点有一定道理。归根结底，文艺虽可为“术”，不可“唯为术”。文艺的生命力首先体现于各国民间——民之所好低，使高之；既高，使恒之。并且只有在此前提下，才有益于达到人类文艺“各美其美，美美与共”的大和谐局面。

美国是一个坚持文艺强力输入主义的国家吗？

定睛细看，除了电影，美国其他文艺并没有一概成为世界主体现象。即使他们真有此心，也根本不可能如愿以偿。

但美国人对文艺的需求量确乎是全世界最大的。在欣赏和娱乐两方面往往都表现得分外热切，所以美国文艺的繁荣或衰退，首先是自给自足的情况所决定的。

美国总喜欢向别国推行的更是它的政治文化。某些美国电影中确有此元素，但目前看，这样的美国电影实际上越来越少了；美国电影总体已在娱乐至上、票房为王的不归路上走了很久了，而这使它产生了不少垃圾片——许多连美国人自己都既反感又无奈。

电影不同于其他任何艺术，商业属性再明显不过，并且最容易被商业利益所牵引，形成所谓产业链条。

美国电影如果再度衰败，对美国确实是个不小的事——一者会极沮丧；二者会导致产业链条断裂，使一部分人失业。但即使在美国，与电影界发生直接或间接职业关系的人，也毕竟是少数，不会使失业率有明显浮动。

目前正是美国电影的“维稳”时期。

美国电影会衰退吗?

盛极必衰，肯定会的。

估计，最早在 2020 年底，便会衰兆显然。

而美国电影衰落之际，将是别国电影振兴之时。在美国商业大片的冲击之下，世界别国电影的优点，的确已被遮蔽得太久了——到了该让人类看到不同类型不同风格不同内容而又同样好的电影的时候了。

我盼着这一天的到来。

即使这一天真的到来了，我也还是要向美国电影业致敬，感激它曾经为世界奉献过许多好电影。

综上所述，我并不认为美国有什么企图以美国文艺俘虏并改变全世界人的文艺预谋。如果哪一国家的人们的文艺接受心理分明被改变了（即使这样了，也只不过是某一时期的现象），内因是主要的，外因绝对是次要的。

目前，中国电影也在邯郸学步，亦步亦趋地走在娱乐至上、票房第一的路径上。

但这几乎是难免的。

娱乐至上未必皆属烂片，成为经典的为数不少。若同时具有令人耳目一新的文艺性，票房表现肯定不俗。不得不承认，美国电影将两方面结合得特别老到，其歌舞片与喜剧片成就尤为突出，如《出水芙蓉》《红磨房》《一个美国人在巴黎》《家有仙妻》《拜见岳父大人》等。周星驰的《功夫》和《大话西游》之所以极受内地青年喜欢，也因片中糅入了另类文艺片元素。而实际上，某些电影很难以娱乐的或文艺的来界定，如《楚门的世界》《摇尾狗》《西蒙妮》等。正因为难以界定，美国将片种分得很细。尽管如此，还是难以界定，如《金刚》《阿凡达》。所以，具体来讨论一部电影究竟属于娱乐片还是文艺片并无必要，也没什么实际意义。

应该引起思考的是以下几点：

一，本国电影界是否存在着娱乐即意义，票房即“真理”的电影观?

二，是否由于观念的过于商业化，导致了电影的种类比出现娱乐片泛滥的单一局面，因而使电影院接近于是一个专门逗乐子的地方?

三，是否由于电影的商业目的过于明确、强烈，一个时期内的文艺片成凤毛麟角?

四，是否由于此种情况，致使受众特别是青少年受到不良的文艺影响，欣赏的品位由而下降?

客观而论，中国的文艺形态其实从没那么糟过。在从前，在某些国家，比如在20世纪60年代至80年代的美国、日本、韩国，都曾出现过黄色表演泛滥，垃圾“文艺”几成公害的现象。但从90年代起，全世界的垃圾“文艺”现象迅少。有各国管理措施所起的作用，也有人类文艺自觉所起的作用，甚至可以说后一种作用更大些。这乃因为，20世纪90年代以降，旅游业在全世界空前兴旺了；垃圾“文艺”现象，非但不能使一个国家的形象在旅游业的发展中得到提升，却足以使一个国家的形象在别国人心目中失格。旅游业也是国与国之间文艺现象的公展，人类的文艺自觉意识由而跨越式进步了。放眼世界，一个自身观看品位低俗的人，如今即使遍游各国，想要寻觅到垃圾“文艺”现象已非易事。

中国的文艺现象虽然从没那么糟过，但某一个时期确曾出现过令人堪忧的情况。

2016年以来，状态明显改变。先是电视中的“俗气”不见了，随之网络上的垃圾“文艺”少了。栏目还是从前的栏目，但风格变了，气质变了，思路变了。前几天我无意间看到了某电视台的一档节目——男女青年歌手拜小孩子们为师，向他们学京剧，学民歌，并由孩子们点评自己的跨界表演水平——觉得耳目一新；某台也有一档节目是《超凡魔术师》，吸引了中国两岸三地的一些青年魔术师比赛技能，娱乐性较强，却也不失可欣赏性，优雅的文艺气质在焉。

中国之民族多，人口多，青年多。中国当代青年中，有文艺细胞，热爱文艺，喜欢表演的青年层出不穷——中国之电视文艺现象，已经悄然发生了一种改变，肯于将更多的时段、平台，提供给层出不穷的文艺青年们了。所谓明星大腕占领电视文艺频道主体时段的局面，正在成为过去时——而这是我支持的改变，认为是好现象。

对于我们中国普通社会成员，特别是青年，又特别是来自各行各业劳动第一线的青年，通过各方面的平台展现文艺才情，或与青年文艺工作者同台展现，我都是抱着喜闻乐见的态度的——此种文艺现象，对中国广大青年培养起良好的文艺接受品位，具有功不可没的贡献。

八十几年前，以蔡元培先生为首的一些中国文化人士，提出了以“美育”育人的主张，并且竭力推行。那时这一主张不可能是面向全民族的主张，只能先从教育领域开始。以后的小学教育，有意识地加入了文艺学内容。以后的中学和大学，学子们组织文艺社团的热忱高涨。

但从前的中国，苦难接踵。他们的主张，难以全面实现。而我对于他们当年的主张，其实一直困惑不解，认为未免将文艺的作用一厢情愿地放大了。

后来，我对文艺与人类精神进化的关系思考得多了点儿，深入了点儿，才开始对他们的主张的初心有了进一步理解。

不仅蔡元培先生们那么主张过。

车尔尼雪夫斯基也为提升普遍的老俄罗斯人民的精神面貌提出过同样的主张。

而西方国家曾经发生过的文艺启蒙运动，说到底，一言以蔽之，也是为了提升人的精神面貌，使人在精神进化方面受益于优质的文艺。

而一个事实是，不论是那时的老俄罗斯还是西方国家，宗教文化的影响都很深远——这也间接证明，人类的精神进化问题，仅靠古老的宗教文化之影响是难以达成的。

另一个事实是，细看某些国家的人民在近当代的精神进化史，会获得一种非常可信的印象，那就是——优质文化的作用与经济发展成就、国家进步情况的作用三位一体，同等重要。

今日之中国，已非从前之中国。

今日之中国人的精神面貌，当与欣欣向荣的国家面貌相匹配。

奥地利等国的今天，不太可能是中国的明天。人口多寡悬殊，人与文艺的关系不必强求一致。

巴西、印度这样的国家，也不太可能是中国学得来的。民族性格差异显然，中国人没必要非变成那样。

但，如果在我们的同胞中，对文艺怀欣赏需求的人口越来越多了，仅仅渴望满足娱乐需求的人口少了一些，又少了一些，前者终于成为绝大多数的时候——那么，一个中国人从国外旅游回来，若谈到感受，也许就不再会说："他们的大人孩子，和我们的大人孩子太不一样了。"

而可能会这么说："城市不一样，农村不一样，至于人嘛，与咱们也没什么不一样的。"

绝大多数人满足于娱乐，极少数人有幸能亲近于欣赏——这是从前的人类与文艺的关系。

欣赏为主，娱乐为辅——这是现如今绝大多数人类与文艺的关系。

人类的精神需求确实已经上升到了此种层面。

但这并不意味着文艺将越来越去娱乐化，只不过意味着娱乐的概念不同了——娱乐将永远在文艺中占有一席之地，并以新概念下的比以往更多的形式，融入更多种旨在满足欣赏的文艺中，使欣赏与娱乐在文艺中相映成趣。而国与国之间的文艺成果，将在欣赏与娱乐两者相结合方面，体现异彩纷呈的水平。

并且我预见，再过二三十年，人类与艺术的关系必将发生前所未有的改变——一部分新人类将成代地而不是凤毛麟角地产生——他们除了是脑力的或体力的劳动者，同时是能最大程度地文艺自给的人类——他们或喜欢读书、写作，发表文艺评论；或喜欢唱歌、表演，成为民间文艺团体的参加者；或喜欢绘画，制作各种各样的手工艺品；或喜欢服装设计，园艺；或更愿意在曾有过的种类文艺经典中消磨工作之余的闲适时光……

那时，包括电影及电视文艺在内，都将因人类自身的精神进化，而改变当下的存在方式。

第二章 文以载道

中国之蒙学现象

中国之蒙学现象，未尝不是文学现象。世界各国的古代都有蒙学教育实践，但能流传下蒙学读物的国家不多。中国自唐以降，蒙学逐渐发达。随着科举制度的完善和稳定，蒙学越来越受社会各阶层重视。

今天我们所能看到的，多是明、清蒙学读物。《幼学琼林》专设《科第》一章，有句如下：

其家初中，谓之破天荒；

士人超拔，谓之出头地。

中状元，曰独占鳌头；

中解元，曰名魁虎榜。

……

进士及第，谓之雁塔题名。

……

一旦荣登前甲，则可享受到皇帝“琼林赐宴”“临轩问策”的最高规格礼遇——此乃蒙学受重视的首要原因，也是古代孩子们发奋图强的最大动力，无非是为了实现官服加身、光宗耀祖的人生价值。一概的蒙学，皆不讳言此点，一致正大光明地予以宣扬、激励，与今天家长老师激励孩子争当学霸，誓考重点大学没什么两样。世界在许多方面变了，在某些基本方面，其实一如既往。只不过，学成了精英，出人头地的选择比古代多了。

蒙学起初是家学。家学可能由父辈亲任导师，也可请有学问的名士任家庭教师。而能做到这两点的，其家定非一般家庭，不贵则富。古时的所谓“书香之家”，未经三代以上的公认，担不起那种雅谓的。往最起码了说，那也得是“耕读之家”。“耕读之家”的家长，必是乡绅，全家人自己是绝不耕也不种的。

鲁迅和蔡元培，他们的家都曾是晚清的官宦之家，故他们都有幸接受过家学熏陶和馆学教育。鲁迅的馆学老师是资深秀才；蔡元培的馆学老师是饱学的举人。至于康有为、梁启超，也都是“官二代”。

若受家学无望，入馆学无门，则只有“凿壁偷光”“聚萤作囊”“头悬梁，锥刺股”了。

王羲之的书法启蒙老师居然是一位皇族公主，这等家教大腕，天下有几人请得起呢?

科举从教育体系的指导思想上奠定了中国漫长的封建社会

的“官本位”思想，使之根深蒂固，影响直到近当代；蒙学可谓“从娃娃抓起”，反过来使科举制度固若金汤——这是二者不好的方面。

但设身处地想一想，古代也不可能有比科举制度更公平的一种教育制度。并且，放眼世界来看，全世界的教育制度，在较公平地录取一点上，基本原则仍是科举原则。中国之科举制度，后来显然落后于别国的教育体系，不在于公平原则出了多大问题（客观论之，历朝历代在制裁教育腐败一点上，每是有腐必究的）——它的落后，主要在于教什么，怎样教；引导学生为什么学，怎样择优录取等方面出了严重问题。简言之，学科建设和评价体系长期落后。

以蒙学而论，虽然也涉及天文、地理、物性、农事、社会、历史，但只是兼顾而已，并不作为考和学的重点。并且，知识老化，每将科学与神话混为一谈，如《幼学琼林》之《天文》一章有言：

“气之轻清上浮者为天，气之重浊下凝者为地”；

“月里蟾蜍，是月魄之精光”；

“后羿妻，奔月宫而为嫦娥；傅说死，其精神托于箕尾。”

“箕”者，星也。后人也释指彗星之坠光。

总体而言，蒙学中“天文”之“文”、“地理”之“理”，与科学概念的“天文”“地理”区别大矣，主要是告知了与天、地有关的文字现象，如：

“旋风名为羊角；闪电号曰雷鞭”“列缺乃电之神；望舒是月之御”“望切者，若云霓之望；恩深者，如雨露之恩。”……

说来惭愧，读了《幼学琼林》，方悟近代“雨巷诗人”戴望舒，何以名为“望舒”——倘是自取，必读过《幼学琼林》；倘家长所取，其家必很重视传统蒙学。

传统蒙学虽存在知识内容的极大局限，但文学色彩却十分浓重，故完全可以视为古代文学现象的一种。在文、史、哲三方面的结合，也堪称包罗万象，触类旁通，极具通识色彩。简直可以这样说，若一个人十二三岁前将大多数蒙学读物的内容铭记得烂熟于胸，了如指掌，那么将来在文言的应用方面，肯定优于别人。

当然，传统蒙学中的史性知识，不能完全与近当代的历史知识同日而语；所谓“哲”，也非是近当代的哲学概念，大抵是仁、义、礼、智、信、忠、孝、节、勇、和等关于人格养成的说教。

“忠”是从来争议极大的道德标准；历史上不乏昏君庸君暴君，而且文化上一向以“忠君”来阐释“忠”的定义，使“忠”的道德标准常受诟病。

但如果细读蒙学读物，则会发现一个令人深思的现象——几乎没有关于“忠君”思想的宣扬。“忠”在蒙学中的定义，基本上是“精忠报国”的意思。所列举人物，也大抵是“苟利国家生死以，岂因祸福避趋之”一类典型。也就是说，蒙学读物中的“忠”，是以爱国思想为根本的，与“忠君”没甚关系。

这证明，蒙学读物的作者们，本身谁都不愚，思想也特别与时俱进。他们明白，蒙学事关国家与民族的后代素质如何，绝不进行误人子弟的教诲。

所以我认为，他们都是极有文化责任也极可敬的先贤。

排开“忠”不“忠”的问题不谈，其他一概道德标准，我这个当代人基本是愿意接受的。地球村任何一个人大抵做到了，便肯定是君子，是精神贵族，是人类楷模。一些人做到了，则我很替人类的社会感到庆幸。

问题是，仅仅是——若希望那些标准集于一人之身，实在是太高的要求了。中国古代对人的道德要求有两大弊端——既全也少。全则没了重点；少指仅针对少数读书人。这其实是帝王思想的反映。皇家设科举制，原本就是为自己的长期统治设“人才库”，所以并不需要那么多。“人才”知史适用就好；而人才对于皇家和对于国家的意义，本质上并不一致。对于皇家，人才与执政幕僚没区别；对于国家，人才则必须是多方面的。至于对百姓，皇家的要求倒从来不全，顺即良民，重点突出。

而西方诸国，文化启蒙运动以降，连皇家也意识到——科技足以强国。国家强了，自己何愁没有幕僚，不必专门培养，更不必从娃娃抓起。故道德律令由全而简，由面对少数人而面对全社会——于是最终形成了自由、平等、博爱的极简化的道德体系。自由是国家道德理念；平等是法律道德理念；博爱是针对一切人的道德理念。国家、法律和个人违背之，皆属不道德。故所以然，他们的文艺后来的一个近于永恒的主题是善；我们的文艺几乎可以说至今还没找准究竟什么是值得反复表现的主题。

然而必须承认，老子和孔子们，对善是极为重视的——“上善若水”“仁者爱人”的思想便是证明。《弟子规》中关于“礼”的教诲未免琐细，却也强调了“泛爱众”一点，非常值得肯定。另一个事实是，古代的官方也就是皇家，对善一向讳莫如深，恐怕真的成为道德核心，常被用以对照自家。

古代蒙学中关于“典”的知识，可谓洋洋大观。几百例中，我这种知陋闻寡的人，不看注解就明白其意的，仅百之一二而已。

科举之试，以用典之多之僻为优等文章。用典与引用名言佳句是不同的。前者是故事的高度概括，旨在间接论说；后者是道理的引用，旨在加深印象。

中国古文中的名言佳句却都是通晓易懂的，说理性强，解惑到位，如“学而不思则罔，思而不学则殆”——其“学”指背；其“思”指懒得读书的借口。

黄兴逝后，孙中山两作挽联——前者白话，哀思易懂；后者句长，上下联对仗用典，不知出处的人们，大抵就不走出心了。

清华初迁云南，众心唤出两首校歌。一为几名学生作词，文字现代，风格酣畅，流传过一个时期；二由老先生们执笔，虽也豪情饱满，伤感淋漓，但因古风昭昭，典入歌中，仅在操场上集体唱过一次，以后即束之高阁，如泥牛入海也。

胡适反对用典的态度十分强烈，每对学生耳提面命。他自有一定道理——古代传至近代的典词，林林总总，洋洋大观，某些不过是正野两史所记的边角内容，奇闻异事，并无多大文化价值。但喜“掉书袋”者，每好用之，以炫经纶；胡适乃白话文运动之中坚人物，自然立场鲜明。

但他的反对也有偏持一面——许多典故，从古至今百千年应用下来，已是成语。并且，闪耀着汉语词汇的智慧之光，表意隽永精妙。细品赏之，几可以汉语瑰宝视之。非是一场运动席卷，便可使之通通消亡的。

却也应看到，由典而成语，大抵具有比喻性。而比喻性的形容，用以言人论事，往往刃刺明显，于是造成他人伤口。如“井底之蛙”“黔驴技穷”“口蜜腹剑”“叶公好龙”之类，便不如视野要开阔些；能力须多样些；心口应该如一，言行应该一致的直白表述更容易使人接受。

胡适先生的文化思想大方向上肯定是正确的。他当年的种种偏颇应该获得今人谅解——饮水不忘挖井人；毕竟，我们今人正享受着白话文的成果。也毕竟，汉语在当代所达到的白话文水平，已至行云流水。否定古文不对，厚古薄今不好。

中国的诗与歌

《声律启蒙》，实在是世界上关于文字诗性的最优美的蒙学读本；其优美唯有汉文字能够体现，译成任何别国文字，都将必然地优美顿减。有些句子，使人觉得其美不可译，或比唐诗宋词更难译——因为直接是典；而典非一般词句，乃故事的高度概括。不将故事交代明白，便会意思混乱；若将故事译全，则诗非诗，而是小说了。

全世界的翻译家一致认为，古汉语是最难译的语种之一，深奥如古梵文经意。难译不见得是优点，却极能证明古汉语的独特魅力。

将外国文字译为汉语，即使是音译，也有了诗意。如“枫丹白露”“香榭丽舍”“爱丽舍宫”“莱茵河”“富士山”“雨果”“海涅”“雪莱”“乔叟”“拜伦”“歌德”“海明威”“村上春树”——这乃因为，单独一个汉文字往往便有自身意境，两三个汉文字的组合往往便是意境的组合，遂使意境相当丰富，于是诗意盎然。而由字母组成的文字难以具有此点。

我第一次看《声律启蒙》，立刻被吸引住了。一看良久，不忍放下。

云对雨，雪对风，
晚照对晴空。

三尺剑，六钧弓，
岭北对江东。

春对夏、秋对冬，
暮鼓对晨钟。

明对暗，淡对浓，
上智对中庸。

这些是简单的声律样句，却多么有趣呀！正因为有趣，估计对古代的孩子们而言，熟背不至于感到特别厌烦吧？寓教于乐，我想古人确实做到了。

两鬓风霜，
途次早行之客；
一蓑烟雨，

溪边晚钓之翁。

秋雨潇潇，
漫烂黄花都满径；
春风袅袅，
扶疏绿竹正盈窗。

这样的句子，就并非简单的声律样句，而直是对仗甚工的诗行了。字字寻常，句句浅明，怎么一经如此组合，看也罢，读也罢，就其意也浓，其境也雅了呢？

阵上倒戈辛纣战，
道旁系剑子婴降。

出使振威冯奉世，
治民异等尹翁归。

一用典，就难译了。看着也没诗意，读着也不上口了。显然，是要在授以声律要点的同时，兼顾史中人、事的知识——前边说过，蒙学读本的一项宗旨，便是文史哲的融会贯通。用心是好的，效果却可能适得其反。

去妇因探邻台枣，

出妻为种后园葵。

以上两句，分别讲的是汉朝的事和春秋时期的事——一个男人仅仅因为妻子采摘了邻舍的一些红枣，便将她赶出了家门；另一个男人则因为妻子在后园种了葵菜，而干脆把她休了——这样的内容，属糟粕，绝无蒙学意义，倒是男尊女卑的思想分明。多大点儿事，至于吗？灌输给儿童，有害无益。

还是以下一类样句好：

笛韵和谐，

仙管恰从云里降；

橹声咿轧，

渔舟正向雪中移。

平展青茵，

野外茸茸软草；

高张翠幄，

庭前郁郁凉槐。

这类样句极有画面感，有声有色，有动有静，有形容有比喻，不但能使儿童少年感受到汉文字的美质，还有利于助他们启动想象的脑区。

由是想到，如今的家长们，比以前更加重视小儿女学前的智力启发了，若单论语文方面，我认为《声律启蒙》中的某些样句，值得陪伴孩子们背背，因为有趣，游戏性显然。若家长能与孩子互动，你背上句，我对下句，效果肯定尤佳。但一定要有选择，去其糟粕，剔除淫典，引用浅白易懂的。比背唐诗宋词好——在声律的美感方面，对仗的妙处方面，唐诗宋词亦不能及。

又想到，随着弘扬传统文化的热度升高，有些家长干脆将《三字经》《百家姓》《千字文》《弟子规》之类塞给孩子，迫使读之。牛不喝水强按头，肯定是不对的。先讲明以上蒙学读物的益处，使孩子在不反感的情况下读读，良好目的才能达到。《百家姓》是根本不必让孩子背的。为什么非要背它，完全没必要。但从中选出几个少见的姓告诉孩子，也不失为趣味性知识的给予。《三字经》读读前边有关常识的部分就可。比之于《三字经》,《千字文》编得并不算好，除了个别句子有助于好品行的养成，大多数句子在道理与知识两方面都算不得上乘。《弟子规》主体是好的，可去琐细之句。若不以挑剔之眼看待,《朱子家训》堪称优质读物，除有几句对女性的偏见之言，任何年龄的人读了都会受益匪浅，内容涉及日常生活，为人处世的方方面面，接地气，非高蹈教诲。

并且还由《声律启蒙》想到——古汉语中，之乎者也矣耶兮焉哉等助语单字的应用，在白话文运动中备受嘲讽，其实也是对汉字及汉语言特点的非客观看法。古汉语在应用中因为不用后来的标点符号，所以必须通过那些助语单字来烘托行文的情绪色彩。者、也、矣往往起的是“。”作用；乎、耶、焉往往起的是“？”作用，“焉”的问号作用起在前边——“焉能辨我是雄雌”便是一例；兮、哉二字，每具有感叹号的作用——“哉”用于后，而“兮”亦常用于句中，不用情绪色彩就不饱满。“之”在汉文字中的作用亦非同一般，是能使语感抑扬有致，切缓得当的一个字。如“关关雎鸠，在河之洲”“参差荇菜，左右流之”“桃之夭夭，灼灼其华”“之子于归，宜其室家”……不用“之”，那样的一些诗句便不成诗了。好比歌——如果将某些歌中的“啊”“那依呀”“赫尼那”“耶”“喂”等拖音字去掉，那些歌也没法唱了。

马儿喂（uai），
你慢些走来慢些走……

二呀么二郎山，
高呀么高万丈……

《草原之夜》句尾的“嘿”字，被歌者拖得多么长——却也正是我们爱听的。

古代的诗，都是要能唱的。更有些诗，起初原本是歌，不用以上助语单字，古代的歌也没法唱了。

“彼采葛兮，一日不见，如三月兮。”

“坎坎伐檀兮，置之河之干兮，河水清且涟漪。”

从《诗经》中不难看出，凡是助语之字用得多的，必是先歌后诗，较为原汁原味来自民间的一类，文人加工的痕迹少。而凡是文人加工痕迹显然的，任意随心地唱就不那么容易。不信者，自己唱《载驰》，唱《氓》试试看！

文人总是喜欢将歌弄成诗；而民间却更希望将诗唱成歌。由于文人以后多了起来，从文艺的史来看，便诗多歌少了。因为科举考的是诗，内容以“官方”限定“教材”为主，文人都热衷于跻身仕途，肯收集和整理民间歌词者便鲜有矣。

对于古代民歌，幸还有《诗经》流传了下来。

惜乎！唯《诗经》耳。

任何一场运动，即使确实伟大，无论多么伟大，都是可以而且应该从是非两方面来评说的。

“五四”、新文化运动对传统文化一概否定，恨不能铁帚扫而光——其偏激也。

鲁迅言：“汉字不灭，中国必亡。”——实属不该说的话啊！

正史与野史

盖中国之史学，始于《史记》。

后世修秦、汉史，无不以《史记》为据。

鲁迅曰《史记》乃“史家之绝唱，无韵之离骚”——于是自相矛盾显然。《史记》史乎？文学乎？若言《史记》是文学色彩一流的历史，问题仍在，因为“文学”之概念，不仅体现于辞藻应用水平，更体现于虚构能力；而“史”以掺杂虚构为大忌。

在鲁迅之前，尚无人用“文学”二字评价《史记》；对其评价，或也用到“文”字，但多是“文采”“文风”“文韵”之词；总之是修辞方面的欣赏，而这无关“史”之宗旨。

鲁迅一用“文学”二字，使原本“莫须有”之疑，成了挑明之惑——这是鲁迅没想到的。

偏偏，顾颉刚又发表了他的史论研究成果，认为中国之史，是“层累地造出的”——一个“造”字，史界为之大哗。这等于对《史记》也公开了自己的几分不以为然，致使对《史记》作出高度正面评价的鲁迅未免不快。

一曰“史家之绝唱”；一曰“造出的”——看法对立至极。

《史记》首先可视为史，这一点应予肯定。司马迁是严肃修史的史官，呕心沥血、索据煞费苦心，自己编造的成分几可说无。何况，老子曾任末周的朝廷“图书馆长”，周时的“官方”藏书虽遭春秋战国之兵燹，却有一部分流于民间，肯定被有心人所保存。周时既有官方图书馆，推断起来，当也必有记史制度，故民间史书资料在焉。后又经秦始皇所焚，但也只能尽量焚书，焚不掉的是民间及儒林代代相传的深刻记忆。司马氏之史，多方收集民间口口相传之前人往事，以所能拥有的典籍相对照，本着去伪求真的态度予以整理，估计大体如实。而且，要么没有《史记》，有便只能是那么产生的《史记》。

但关于黄帝、炎帝及尧、舜、禹三帝的部分，史家向来以民间传说界定。民间传说与神话有别——神话必有神的出现；若言黄帝大战炎帝有神话色彩，出现在《史记》中的尧、舜、禹三帝则基本上是去神话色彩，仿佛现实中人的帝形象。当然，民间关于他们的具有神话色彩的传说也不少，司马氏未记入史，证明他的修史观是没被误导的。

尧、舜、禹三帝究竟存在不存在呢?

我是宁肯信其有的。却也觉得，不同程度地被文学化了。如记舜帝之为人民服务的鞠躬尽瘁，言其“三绾湿发”而出门礼迎上访群众；言禹治水时，“三过家门而不入”，都使我有小说笔法之疑。“三”为实数，为什么不是一两次或四五次，而明确地记为“三”次呢？怎么就能证明肯定是“三”次呢？若仅记舜是一位平易近人的帝，禹是一位治水劳模，这我倒很愿意信。但他们的美德都与“三”发生了实数关系，便容易存疑于世了。

似乎是从《史记》之后，“三”成了中国的一种文字现象，如“三省吾身”“三思而行”“三缄其口”“三长两短”“三言两语”“三姑六婆”“三五成群”“三天打渔，两天晒网”……在这样一些词句中，“三”是虚指，是形容。而在另外一些词句中，“三”又是实数，如《三字经》“三皇五帝”“三山五岳”“三纲五常”“三朝元老”“三打祝家庄”。

一个具体而明确的数字，一种情况下是实数，一种情况下是形容，在阿拉伯数字的应用现象中是不会发生的——“3”就是“3”，不是“2.9”，也不是“3.1”。

这使我们不得不承认，同样是数字，阿拉伯数字的应用效果更精准。倘继续以中文数字“三”来应用，中国的数字科学是无法发展的。

再回到“3”，许多别国避讳“3”，主要是宗教影响的原因——宇宙分三界：天堂、人间、地狱。地狱在“3”级，自然与一切不好之事相关联。而中国人每以“三”来形容，乃因“三”在虚指时，不多不少，能给人以似乎较实的可信印象。还因为，

“三”是平舌音的字，与其他字组合时，说起来顺口，符合声律的抑扬顿挫。古代的中国人，在修辞方面甚重视声律。有这些实际的考虑，则不避许多别国所避的“3”了。

而在《史记》中，关于舜与禹，一个“三绾湿发”，一个“三过家门而不入”——形容耶？确指耶？若是确指，“三绾湿发”殊不可信，古人头发再长，洗一次也不会太久，何至于接连三次绾起湿发急着出门迎接“上访群众”？又是何人见证，何人记录的呢？若是形容，则莫如“平易近人”“密切联系群众”一类写法更使人不疑。“指鹿为马”也甚难令人相信——那得多二的皇帝，才有可能被忽悠成功呢？

“烽火戏诸侯”尤不可信——朝宫离烽火台不近，诸侯封地离烽火台更远，古代的急行军，不过是马上将军率领步行兵卒，再快也得小半天的时间啊，周幽王与褒姒，会在烽火台上待那么久吗？

最主要的是——商代是有考古之物可证的，而“夏”是一种怎样的社会形态，至今没有足可采信的考古发现作为佐证。“夏”肯定非是子虚乌有的，否则不会突兀地产生出一个商王朝来。但“夏”究竟是较庞大的部落联盟，还是一个较有规模的王朝，此点至今尚无定论。

综上所述，像顾颉刚那种接受了西方现代的严谨的史学思想的人，以他的眼再来看中国的第一部经典史著，也就难免会发出“层累地造出”的不以为然的感慨了。

但我看《史记》，除了也有以上困惑和疑问，总体上是信其史实性的。我觉得，起码，“周”以后是相当可信的。特别是“世家”“列传”部分，文学元素甚少，所以几乎没有硬性的理由不信。

而且我觉得，全世界各国的古代史，都或多或少会掺入传说的部分，都不同程度也是难免地会有文学色彩。七分可信，三分文学，几是共性。而且，便可视为好的史著作了。不这么看，许多国家都会对自己国家的历史陷于历史虚无主义的泥潭，自寻烦恼。

中国的史，一向分为“正”“野”两类。正史为官方的，权威的。野史为民间的，由非史官的文人所著的。在民国前，任何一个朝代的官方史，都是绝不向民间公开的，也基本上是按皇家意思来记载的。某些关于古代史官违命秉笔直书的事迹，固然可敬，但属个例，绝非常规现象。而任何民间人物著野史，都是大罪。倘被举报，不但自己会掉脑袋，家族也将遭殃。

但文人们总是忍不住要给自己找件值得一做的事投入精力和心血。这种事一是编诗集文粹；二是编蒙学读物；三是修史。虽被视为“野史”，他们往往也是认认真真的。为了不罗大罪，采取本朝人修前朝史的策略。而前朝是本朝的历史敌人，记前朝的忠臣良将，本朝亦不限制——有如许多忠臣良将，还是被本朝所灭了，证明前朝的君主要么无能，要么是不折不扣的昏君暴主。而直接历数前朝的腐败、罪孽，则本朝乐见其成。故野史无一例外是记前朝的事，而且基本倾向是写前朝的该亡。不但史现象如此，文学戏剧现象亦然。如冯梦龙《醒世恒言》中，也收了一篇笔鞭金国天子海陵王渔色不止，鲜廉寡耻，践踏纲常的“纪实小说”——他是大明文人，那不犯法。

著野史的文人往往自谦其著为“史演义”，或“通俗史”——都是中国历史小说的前身。

如关于中国的“五代史”，文人所著就多之又多，因为“甚矣哉中国之乱，未有逾于五季者也！”有民国时的文人修《五代史演义》，在自序中“太息”而曰：“天地闭，贤人隐，王者不作而乱贼盈天下，其狡且黠者，挟诈力以欺凌人世”“元首如弈棋，国家若传舍，生民膏血涂野草，骸骼暴原隰，而私斗尚无已时，天欤人欤，何世变之亟，一至于此？”

身为民国文人而不虑前著甚多，其借古言今的动念，在自序中已表达得昭昭然。这样的书，对后人全面了解民国时期之国运，参考价值在焉。

以顾颉刚的眼来看，一概演义了的史，皆非真正的史著。但以更宽泛的文化视角来看，不唯《史记》，许多野史，未必不具有裨史的重要意义。

现如今之中国，史学发展成就巨大。分朝代的史，各方面的考证越来越翔实。顾氏那句“层累地造出”的名言，现在委实可以休矣。

胡适与鲁迅

胡适一度被视为“全盘西化者”，实在是被成心地“误会”了。

他在《先秦名学史》之“导论”中曾言：“我们中国人如何能在这个骤看起来同我们的固有文化不大相同的世界里感到泰然自若？一个具有光荣历史以及自己创造了灿烂文化的民族，在一个新的文化中绝不会感到自在的。如果那新文化被看成是从外国输入的，并且因民族生存需要而被强加于它的，那么这种不自在是完全自然的，也是合理的。如果对新文化的接受不是有组织地吸收的形式，而是采取突然替换的形式，因而引起文化的消亡，这确实是全人类的一个重大损失。因此，真正的问题可以这样说：我们怎样才能以最有效的方式吸收现代文化？使它能同我们的固有文化相一致、协调和继续发展？”

他当年的话包括如下重点：

一，我们中国是一个具有光荣历史以及自己创造了灿烂文化的民族。

二，世界已经变化巨大，由而产生了新文化。如果我们想与世界的巨变接轨，那么我们只能同时接受另一半世界所产生的新文化。这会使我们感到文化冲击，不自在。

三，但如果我们不认为那新文化是强加给我们的，而是“以最有效的方式吸收”“使它能同我们的固有文化相一致、协调和继续发展”——我们就不必怀有排斥的、恐慌的心理，便能够保持文化自信，泰然自若。

四，如果采取突然替换的形式，因而引起本国传统文化的消亡，则会造成全人类的一个重大损失。

关于如何看待中国传统文化，如何看待当时的西方现代文化，如何在珍惜中国优秀传统文化的前提之下，理性地有步骤有效果地从西方现代文化中取长补短，胡适当年说得挺明白的。他对中国的历史，可是用了“光荣”两个字来说的！他对中国的文化，可是用了“灿烂”两个字来说的！在中国新文化运动的阵营中，如他那么高地评价中国以往历史和文化者，绝无仅有。

鲁迅通过《狂人日记》中的“我”得出一种结论——中国的文化完全是“瞒”和“骗”的文化；中国的历史一直是“吃人”的历史。

可鲁迅却一度被塑造成了中国近代的“文化尊神”。近代以前的中国历史文化人物都成了“瞒”和“骗”的“帮凶”“帮闲”，那么中国古往今来的文化人物，也就没有人有资格存史了。

胡适一心想要促进中国传统文化与西方现代文化的融合，引导中国从西方现代文化中取长补短，却在很长的时期里被故意误解，仿佛民国以来中国文化方面的所有“坏事”都是胡适挑头干的，仿佛他是“帝国主义”的“文化间谍”——这被颠倒的历史，若不恢复原貌，一切中国人今日又有何颜面谈什么文化呢?

“这个为学术和文化的进步，为思想和言论的自由，为民族的尊荣，为人类的幸福而苦心焦思，敝精劳神以致身死的人，现在在这里安息了！……”

胡适的墓志铭对他的一生的评价，在我看来，未免过于“拔高”。但前三句话，他确实是担当得起的。

他是为中国文化的重新建构而生的一个人；他从来不是一个中国文化的全面破坏者……

“贵族精神”与“士大夫精神”

20 世纪 80 年代以降，中国学界探讨西方“贵族精神”者渐多。在西方，“贵族精神”是有专指性的——第一须是有贵族身份的人；第二在国家义务方面是恪守责无旁贷的人；第三在言行方面是能遵循贵族教养的人。

而在当时的中国，“贵族精神”每被反解为“精神贵族”；“精神贵族”又每被狭释为“文化贵族”，而一个被视为“文化贵族”的人，对于民间则必是一个不受欢迎的人，甚至会是一个讨厌的人。

在西方，贵族人物是否具有贵族精神，主要以第二条而论，第三条属于小节，并不求全责备。

在中国，被学界奉为“精神贵族”的古代人物，大抵是文人（严格地说是诗人），如李白、陶渊明、“竹林七贤”。

为什么会有这种差别呢？

乃因——在大多数封建历史时期，大多数的未入仕的文人，实际生活境遇并不太好。最低的时期，地位排在娼的后边，仅在丐的前边。所以，古代的中国文人从不曾有过什么贵族精神，想要为国效力，通常也不受待见，一厢情愿而已，便只能在文化上自标清流，在言行上特立独行，以证明精神上的高蹈。

李白是有点儿“文化贵族”范儿的，因为他一度曾像西方的贵族一样，获得着皇家的恩赐的“津贴”。

俄法战争中，两国都阵亡了许多贵族人物及其子弟；“一战”中，俄德两国的军中贵族子弟也牺牲多多；“二战”中，苏、英两国的前线指挥官中，贵族人物也不少。英军中多于苏军中。本应苏军中更多的，但战前被杀者众，剩下的反而少于英军了。

中国文人阶层，总体上缺少为国家出生入死的历练，阳刚之气只能体现于诗文，也就从基因上难有西方所言的“贵族精神”。

据史家言，春秋时，各国贵族阶级都以执戈披甲为荣，视冲锋陷阵为勇，尚勇成风。

那算不算“贵族精神”呢?

窃以为，即使算，也与西方的贵族精神不是一个概念。

在《战争与和平》中，安德列伯爵因战前患病，身体虚弱，本是有理由不上前线的，但他坚持带病参战——这是贵族精神的体现；他参加的不是征服战而是国家自卫战。

彼埃尔男爵，因为近视，没被批准入伍。但他寻找到了一支枪，在法军进入莫斯科后，打算进行一个人的抵抗战争。他甚至有机会瞄准了拿破仑，可一枪毙其命。却没扣扳机，感到了暗杀者的羞耻——这也是贵族精神的体现。

法军大败，许多士兵在严寒之季逃陷于湖中，生不如死。拿破仑给库图索夫留下一信，信上有言：“看上帝分上，怜悯我的士兵。”库图索夫对送信的法国下级军官说：“请你们的皇帝放心，我一定照办。”遂下令，不许屠杀法军，对他们要尽量救助，放他们回国……

在美国进行独立战争时，年轻的法国侯爵拉法耶特不顾法国国王的禁令与英国的威胁，男扮女装，秘密赴美，以志愿者身份参战……

但中国文官阶层代代相传的“士大夫精神”，却是有几分像西方的“贵族精神”的。彼们的“贵族精神”其实是文化启蒙运动之后才较明确提出的精神概念，显示与时俱进的意味。中国的“士大夫精神”，那时作为一种阶级精神已存在两千多年了。

韩愈之《论佛骨表》，既是古代文官“谏”的精神的体现，亦是后来所谓“士大夫精神”的佐证——唐宪宗为迎佛指，举行隆重的礼佛仪式。上行下效，致使长安城内，王公士庶，争相破财，互竞信佛之诚。民间有废业当宅，烧顶灼臂而求佛保佑施福者。身为刑部侍郎的韩愈，于是上表反对，要求中止，表中多有不中听的话——宪宗认为是那样，怒甚。若非大臣们相劝，几乎杀了韩愈——但这种“谏”的精神，说到底是“忠”的表现。

而西方之“贵族精神”，骨子里是骑士精神的演变。它并不强调对君主的忠，只恪守对国家命运的责任。从社会伦理层面讲，则更强调正义感。若非以“忠”论，他们倒是常以忠于友谊，忠于所爱的女子为荣；两者内涵很不相同。

又，贵族在朝为官，自然也分文武。“下班”后，于私人关系中，则仅以志趣相投为交往准则。

而在中国的古代，贵族之间，往往文不习武，武不恋墨。

所以，西方的贵族若觉尊严受辱，动辄决斗。政府虽三令五申，却长期难禁。明知那么做犯法，也还要偷偷地那么做；宁肯那么做了以后逃避国外。

韩信甘受胯下之辱的行为，在西方贵族中是绝不会发生的。

中西文化所形成的人格表现的差异，由来久矣。

从唐至宋，“士大夫精神”非但没提升，反而在王权、皇权的高压之下越来越沦落，每每自甘委琐——孝武帝时，其宠妃亡，文臣纷作悲词哀诔，以证明自己心里疼着皇上的疼。皇上甚至当朝对某大臣说：“卿哭贵妃若悲，当加厚赏”——于是该臣“应声号恸”，捶胸顿足，涕泗交流。又让一个大臣哭，其哭若丧考妣，极哀之状不让前者。更有文官中文名优上者，奉诏为皇上作缅妃文，以供皇上哀思时缓压。若在春秋时期，那等诗文显然会归于“颂”的范畴。

姑且不论西方诸国有无那样的皇帝；西方的历史中断无那等为

臣的贵族，却基本上是事实——在中国的古代，所谓“士大夫精神”，乃是皇帝、王室允许有才有，允许有多少才有多少，不允许有则完全不可能有的“精神”。

而在西方诸国的古代，“贵族精神”是不受王权左右，而受教皇支持并赞许的一种“精神”，是较为独立的一种阶级思想——皇帝也不敢轻意亵渎。因为在教廷看来，皇帝也只不过是第一等级的贵族代表人物而已，也须以贵族原则律己。

中国的当代文化知识分子，其实不必学什么西方的“贵族精神”，也不必学古代的“士大夫精神”——阶层属性不同，无的放矢。

若能将中国古代“士”的精神在当代发展几分，便很有理由自尊自慰了。

秦文与汉赋

鲁迅曾言："先秦文章，几乎只有李斯的可读。"

此言基本符合事实。

"焚书坑儒"是秦始皇的指示，但主意是李斯给他出的。李斯只建议焚书，这建议遭到了群儒的一致抵制。秦始皇干脆一不做二不休，连"儒"们也一并"坑"掉。"儒"们并非皆孔子学说的传人、信徒，泛指宣扬各种"主义"的所有文人，包括反对儒家学说的文人。秦始皇之所以要全"焚"全"坑"，乃因不允许王道之外居然还存在任何"主义"。那一次蓄谋的杀害，若说身为宰相的李斯不知情是不可能的。肯定的，他不但知情，而且参与了蓄谋，使之更加周密。所以，李斯是"焚书坑儒"的同案犯、帮凶。

秦始皇和李斯君臣，采取的是"文化虚无主义"统治策略。他们将之前的文化全都"虚"掉了之后，却未提出更进步的文化主张来，所以秦朝只剩下了王道和李斯一个人所代表的"文化"——阐述王道有理的"李斯文"——又所以，鲁迅也只能从史籍中发现几篇“李斯文”——“只有李斯的文章可读。”不是说他的文章多么好，别人的文章都不好，而是说几乎没有别人的文章留存下来。

秦只统治了两代，李斯还被秦二世杀了——秦朝的短命，不见得就是由于“文化虚无主义”，也不见得就是由于二世祖的骄奢荒淫；历史上比秦朝更糟糕的朝代很多，却都能统治较长时期。比起来，秦朝并非最暴政的一个朝代。

秦的灭亡，说到底是因为修长城，干了一件超出经济实力的事。太过劳民伤财，将经济搞垮了。以权衡利弊来说，修长城与休养民生，孰急孰缓，孰轻孰重，没掂量对。“天”可视民为“刍狗”，皇不可。皇也视民为“刍狗”，亡得自然快。但，秦的速亡，确实也给人一种“文化报应”似的因果想象。

与秦相比，汉明智得多了。

汉的明智首先在于，意识到了农民生活的稳定对于长治久安的重要性。不但意识到了，还采取了一系列发展农业、减轻赋税、释放奴婢等良性的统治策略。

重视农民的生活改善就是重视人民生活。

发展农业就是大力发展国家基础经济。

并且，以董仲舒为代表的朝臣，提出了“独尊儒学”的文化主张。“独尊”固然有文化专制的意味，但比之于秦的“文化虚无”毕竟是种进步，何况孔子的思想主体是主张文明的。

由于出现了繁荣景象，乐府也就是乐歌中，出现了此前民歌中少有的欢悦气息。

汉赋中歌功颂德的作品，也有几分是由衷的。甚至，还出现了文学理论家——当时的理论，主要是对文人文学的灌输——“文人之笔，劝善惩恶”“为世用者，百篇无害；不为用者，一章无补。”

“文以载道”，由汉而大兴，继承的却是春秋诸子的文论思想。

汉的散文多是政论之文。大国崛起，希望以一己主张贡献长治久安思想的文人，自然不甘寂寞。

汉的辞赋，包括司马相如的作品在内，多是宫廷所好之题材，有修辞方面的魅力，无关注现实的佳篇。

总而言之，西汉也罢，东汉也罢，两汉合并论之，最有光彩的还是《史记》和乐府中所收集的民歌部分。

扫描汉时文学，最大之心得是，诚如胡适所言，那时的散文，包括某些辞赋中的语句，确实已很“白”，“白”得几近于现代文——这一真相，直至胡适道出才被许多国人不得已地承认，仿佛道破历史真相这等事，乃是由时代来选人的，或可曰人与时代的天缘。

魏晋南北朝时的文学，比之于汉朝，有了全面的大踏步的发展——汉时有了《孔雀东南飞》，魏时有了《木兰诗》这样的长篇叙事诗，同时民歌、民间故事发扬光大；阮籍、嵇康、左思、刘琨、陶渊明、刘勰们的出现，也使当时文学光彩有加。

没有汉民歌继春秋之后生命力的复兴，焉有后来唐诗的繁荣在焉?

没有汉民间故事的示范，焉有唐传奇小说之种乎?

没有阮籍、嵇康、陶渊明们，焉有李白、杜甫、孟浩然、韦应物、柳宗元们?

汉文学现象，意味着中国古代文学的诗性特征基因形成之现象。而促进此种基因形成的主要条件，说到底是民歌。

民歌，民歌，它是全人类文学的母体！从中国文学史的发展经络看，这一规律尤其分明。

嵇康之死

魏末以降，所谓“竹林七贤”，每成历代文人之心结，近当代亦然。古时文人，近当代文化知识分子的延种也。规律乃是——倘世道开明，文化知识分子处境适焉，所议便少。反之，所议则频。禁议，心耿耿然。

“七贤”无非七位不愿入仕为官的文人而已。

“不愿”并不客观，主观上都是愿的。文人以文为特长，这特长古代无法养活自己，更遑论“齐家”了。所以古代的文人，若当不成官，也非富家子弟，娶媳妇都不容易。曹魏政权末年，天下有了两个“中心”。这肯定不会是常事，两个“中心”必有一个终将瓦解，于是文人都面临选边站队的局面。以当时情况看来，曹魏政权虽是正统“中心”，但气数已颓不可撑。司马家族取而代之的野心昭然若揭，但行径上肯定属于篡位。

篡位者，古之首逆也。当时的文人如果选择效力于正统，下场肯定可悲，甚至会很惨。若预先投靠向司马集团，虽属识时务的决定，但又会背上无节的历史污点。

“节”与利不可得兼，于是“隐”成为明智之举，其实也是无奈选择。而所谓“林”，并非真的深山老林，城乡接合部偏于乡的地方而已。

对于文人，“节”关乎名誉。名誉非一己之事，影响着子孙后代的前途。说到底，不仅是德怎样的问题，也是眼前利和长远利的问题。

曹家篡位，结果也轮到了自己将被打翻在地。即使司马家族篡位成功，彼们的下场也难逃规律——看分明了此点，“隐”几乎也是自保的唯一策略。经济条件优渥的，过隐逸的生活，未尝不是另一种享受；缺乏经济保障的，只有自食其力，自给自足，那叫遁隐，主语是“遁”，逃避行为。所幸当时的士人大抵因为当不成官就娶不起妻，没家庭拖累，所以隔三岔五地凑个饭局还不是件难事。对于他们，饭局要求也不高，有酒就成。后世的画家，画到他们，或是一齐醉卧竹林，或是谈诗话文——即使后一种情况，画面上也少不了酒具。酒、诗和女人，是他们的生活常态。画“竹林七贤”的画中并未出现过女人，乃为贤者讳也。

嵇康是“七贤”之首。他本是曹氏王朝的贵婿，当过养闲处优的中散大夫；那时他还是美食家、养生学者，对诗文的爱好，反而在养生之下；对玄理的热衷，反而在事理之上。

司马昭杀嵇康，使嵇康垂名于史。

司马昭本有用康之念，若两相融意，司马昭在当时史上，留一段佳论耳。但于嵇康，名声就太不好了——人家灭了你丈祖的朝廷，杀了你妻的许多族人，你反倒去对方的新朝廷当官，太忘恩负义了吧？太不是东西了吧？

所以，嵇康的不能归顺，实在也是考虑到担骂名的严重后果。何况，以他的出身问题而论，当官也当不大，当了也仍存凶险。他便只能写不做麻烦制造者的保证书，没勇气写表忠信——那无疑也需大勇气。

嵇康也罢，陶渊明、李白也罢，都是当时后来文人们“层累地造出”的神话。文人阶层需要此种神话，如民间需要侠的传奇。

嵇康、陶渊明们的人生，从来不曾真的是古代文人的理想。恰恰相反，山涛与王戎的人生，才真的是古代文人们的夙愿。凡那作诗赋词撰文颂扬嵇康的文人，大抵是想入仕而久拂其愿的文人。一有机会，十之八九都想走山涛与王戎的路——这与文人们的普遍道德关系不大，实乃社会形态所决定。若古代文人可像近代的文人一样，当不成官还可当教授、作家、编辑家、出版家，所谓“竹林七贤”当时也就不存在了。即或存在，也不构成一个历史话题了——那还有什么值得论道的呢？

嵇康的死，只有一点仍具有现实社会启示性——一个好社会，应如尊重人的隐私一样，尊重人的立场选择。进言之，在中国，文化知识分子对嵇康们的同情文章少了些，肯定意味着政治开明了些；对李白的热捧文章少了些，意味着政治又开明了些；对杜甫的崇敬文章少了些，则不但意味着政治开明，而且意味着社会祥和了；而文化知识分子都带头学陶潜了，则不但意味着社会祥和了，还证明乡村生活比城市生活更美好了——斯时，中国梦大致成真也。

《诗经》的文艺品质

看《诗经》，估计大多数人会有这样的感觉——“国风”部分颇引人入胜；“大雅”“小雅”也能助人对古代的种种祭祀活动多一些想象的依据；至于“颂”的部分，委实没甚意思，浏览几首，放书也罢。

全世界的古代，于诗歌中皆有“颂”的部分，古埃及、罗马、希腊在此点绝不逊于中国的古代。帝也罢，皇也罢，王也罢，只要他们有被“颂”的心思和要求，“颂”的文艺现象就会油然而生。

汉武帝要兴建天地祠，宠臣李延年便奉旨创作乐章，亲自演唱。仿佛颂天颂地，实则句句着意地颂武帝。武帝一高兴，又封了他一个新官职叫“协声律”，等于朝廷第一大音乐家，专抓全国“颂”的文艺的开展。

“颂”诗虽然没什么文学价值，但却有史学价值，可供当代人研究，古代是怎么实践礼乐制度、仪式的状态是怎样的。这种研究，不但可使古代文艺史更趋翔实，也有助于丰富今人对“封建”

二字的全面了解。

对“颂”之文艺也要一分为二。有的皇帝极有自知之明，并不以为自己确是“真龙天子”，而且确使国泰民安成为了一个时期的事实——如古罗马的一位皇帝奥勒留，不但是皇帝，还被视为柏拉图之后的心灵哲学家。曾子所言的“吾日三省吾身”，他几乎也是那么做的；如中国汉时的孝文皇帝，三拒登基，当了皇帝是不得已之事。既然当上了，于是鞠躬尽瘁；他亲自耕作，改革田赋，引导百姓振兴农业；他废除了以断人肢体、毁坏肌肤为惩罚手段的肉刑；他不仅自己衣着简朴，连对自己最爱的夫人也要求严格，不许她用带有绣花图案的布匹做帏帐……

偏偏像奥勒留和汉文帝这样的皇帝，特别反感对自己的歌功颂德。若民间产生对他们歌功颂德的文艺，肯定便是真情表达。奥勒留对人民的爱心对自己要求的从严是有证据的，古罗马史中有着较翔实的记载。汉文帝是否真的那样，无据可查，我们只有相信司马迁了——但愿他没骗我们。

胡适评《诗经》，对“国风”部分极为欣赏，对“颂”的部分十分轻蔑。

文艺之“颂”，若产生于民间与产生于文人笔下，情况每每大不相同。产生于民间的，可曰之为“自然表达”，产生于文人笔下的，多半是取悦创作。那样的文人，也多半是李延年之流。

《诗经》中体现家国情怀的，《载驰》最动我心。许穆夫人是卫宣公的女儿，许国国君穆公的妻子。北方游牧民族发兵进攻卫国，卫军全军覆没，卫国灭亡。许穆夫人听到这一噩耗，仅率小众随从，乘车风尘仆仆，日夜兼程赶往卫国。许穆公出于担心她的安危，派大夫们追赶，劝其勿往。而她意志决绝，一往无前，于是便有了《载驰》。

一般而言，男人只有一家一国。但女人不同，嫁入别国的女人，意味着有了两个家，两个国。任何一边国破家亡，都会使不冷血的女人肝肠寸断，正所谓手背手心都是肉。所以，《载驰》这种女性家国情怀的强烈表达，并且表达于马狂奔、车剧颠的途中，表达于被围阻力劝的情况之下，使文字具有跃然纸上的画面感、场面感和互不相让的对峙的冲突性。

“国风”部分收入了数篇女性题材的诗，证明《诗经》的编汇者们，在当时关注民生的眼是投向了女性的——这也可以说是古代的“文艺工作者”们的社会责任感，时代使命感；即文艺自觉，文艺本能。

还要提一下胡适，在其《白话文学史》中，古代的文艺自觉肯定不够。他的心思太集中于古代是否有白话文学现象这一点了，因为他的写作初心更在于此。并且，他点评到《诗经》中的底层民歌现象时，批判的是相对应的文人文学，士大夫文学；这种概念，也是不严谨的。文人不都是士大夫，文人和文人是不一样的——“国风”中的诗，不都是文人润色、整理、编汇的吗？不是他们当时那样做了，今人又依据什么说长论短呢？正所谓，传唱者唱的是情，编汇者有拳拳心。

《氓》反映的是底层妇女的一己命运，小家悲哀；《载驰》反映的是战乱时期一国之“第一夫人”的族间亲情，国家命运，亦所谓天火遍野，人皆生灵，人皆刍狗。此亦是情，彼也是情；小亦家也，大亦家也——超乎阶级的同情，乃博爱也。当时的“文艺工作者”有此理念，一视同仁，难能可贵。

许多当代的《诗经》注释者认为——《载驰》的作者为许穆夫人自己。根据是，诗中频现“我”字。

窃以为，这是不对的。

该诗不可能作于许穆夫人出发之前，那与诗的内容不符；也不可能作于归来之后，时过境迁，情绪已变；更不可能作于被围阻的途中，哪来的作诗用具呢？须知当时还是竹简时代。是否是现场所唱呢？那也太秀了点，把内心想法直接说出来不是更符合常情吗？

卫国之亡，当时也算是“重大国际新闻”了，虽然传播方式落后，但因国与国间距离短，所以口口相传，也会很快成为“天下”尽知之事。而许穆夫人赴卫之举，肯定具有后续“新闻”性。也许，在其被围阻的途中，目睹了那情形的人便有一些，如脚夫饭妇、樵父猎户。那么，事情必然不胫而走。民间“文艺家”同情之，理解之，感动之，敬佩之，于是创作了《载驰》，以颂扬她的家国炽情——“明知征途有艰险，越是艰险越向前！”——此种勇往直前的气概体现于女性，是足以令一切人发自内心地叹服的，于是不会纠缠卫国的“窝里斗”是多么令人嫌恶，它的亡有几分是自酿的。生于春秋时代的人，对于各国的“窝里斗”现象，早已司空见惯，麻木了。

《载驰》是那麻木中冲击人心的女性行为，故也可以说是“国风”中的绝唱。

中国女性文学研究正在成为文学新景观——毫无疑问，其端点非“国风”莫属。

苍生之“离骚”，民间之“史记”——此乃“国风”的不朽价值。至于“雅”“颂”的内容，完全留给专家学者去关注可也。

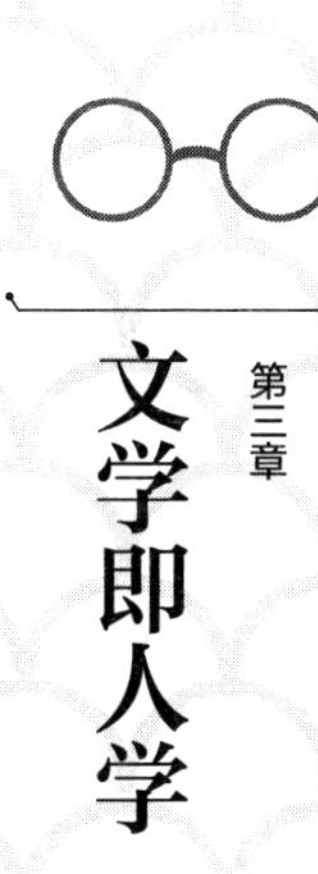

第三章 文学即人学

我的使命

据我想来，一个时代如果矛盾纷呈，甚至民不聊生，文学的一部分，必然是会承担起社会责任感的。好比耗子大白天率领子孙在马路上散步，蹲在窗台上的家猫发现了，必然会很有责任感或使命感地蹿到街上去，当然有的猫仍会处变不惊，依旧蜷在窗台上晒太阳，或者跃到宠养者的膝上去喵喵叫着讨乖。谁也没有权力，而且也没有办法，没有什么必要将一切猫都撵到街上去。但是在谈责任感或使命感时，前一种猫的自我感觉必然会好些。在那样的时代，有些小说家，自然而然地，可能由隐士或半隐士，而狷士而斗士。有些诗人，可能由吟花咏月，而爆发出诗人的呐喊。怎样的文学现象，更是由怎样的时代而决定的。忧患重重的时代，不必世人翘首期待和引颈呼唤，自会产生出忧患型的小说家和诗人。以任何手段压制他们的出现都是煞费苦心徒劳无益的。

倘一个时代，矛盾得以大面积地化解，国泰民安，老百姓心满意足，喜滋乐滋，文学的社会责任感，也就会像嫁入了阔家的劳作妇的手一样，开始褪茧了。好比现如今人们养猫只是为了予宠，并不在乎它们逮不逮耗子。偶尔有谁家的娇猫不知从哪个土祠旮旯逮住一只耗子，叼在嘴里喵喵叫着去向主人证明自己的责任感或使命感，主人心里一定是甭提多么腻歪的了。在耗子太多的时代，能逮耗子的才是好猫。人家里需要猫是因为不需要耗子。人评价猫的时候，也往往首先评价它有没有逮耗子的责任感和使命感。在耗子不多了的时代，不逮耗子的猫才是好猫。人家里需要猫已并不是因为家里还有耗子。逮过耗子的猫再凑向饭桌或跃上主人的双膝，主人很可能正是由于它逮住耗子而呵喝它。嗅觉敏感的主人甚至会觉得它嘴里呼出一股死耗子味儿。在这样的时代，人们评价一只猫的时候，往往首先评价它的外观和皮毛。猫只不过是被宠爱和玩赏的活物，与养花养鱼已没了多大区别。狗的价值的嬗变也是这样。今天城里人养狗，不再是为了守门护院。狗市的繁荣，也和盗贼的多起来无关。何况对付耗子，今天有了杀伤力更强的鼠药。防患于失窃，也生产出了更保险的防盗门和防盗锁。

时代变了，猫变了，狗变了，文学也变了，小说家和诗人，不变也得变。原先是斗士，或一心想成为斗士以成为斗士为荣的，只能退而求其次变成狷士，或者干脆由狷士变成隐士。做一个现代的隐士并不那么简单，没有一定的物质基础虽然“隐”而“士”也总归潇洒不起来。所以旁操他业或使自己的手稿与“市场需求接轨”，细思忖也是那么情有可谅。非但情有可谅，简直就合情合理啊！鲁迅先生即便活到现在，并且继续活将下去的话，在当代青年对徐志摩的诗和梁实秋的散文很热衷了一阵子之后，还要坚持他的《丧家的资本家的乏走狗》的风骨吗？他是不是也会面对各方约稿应酬不暇，用电脑打出一篇篇闲适得不能再闲适的文章寄出去期待着稿费养家糊口呢？

但是问题在于——我们这个时代，究竟是忧患更多了矛盾更普遍更尖锐了，还是忧患和矛盾已被大面积地化解，接近于国泰民安，老百姓只要好好过日子就莺歌燕舞了？

任何一个人几乎都有一百条理由仍做一个忧患之士，比如信仰失落，道德沦丧，民心不古，情感沙化，官僚腐败，歹徒横行，吸毒卖淫，黑社会形成，贫富两极悬殊，大款穷奢极欲一掷万金，穷山沟里的孩子上不起学，男人娶不起老婆，拐卖妇女儿童案层出不穷……

这些足令某些人身不由己地变成忧患之士。如果他不幸同时还是小说家或诗人（今天诗人已经被时代消化得所剩无几了），那么他的小说里他的诗里，满溢着责任感使命感什么的，他大声疾呼文学要回归责任感使命感呀什么的，当他是个偏执狂，并不多么地公道，也难以证明自己才更是小说家或诗人。在他之前古今中外有过许许多多他这样的小说家和诗人，并不都是疯子，起码并不比尼采疯多少。比如杜甫和白居易的诗，直到今天仍在被世人经常引用，一点儿也不比被自作聪明的后人贴上“纯诗”之标签的李清照和“超现实主义”之标签的李白缺少价值……

任何一个人几乎又都有一百条理由做一个闲适之士。如果他刚好同时还是小说家或诗人，便几乎又都有一百条理由认为，文学的责任感已变得那么多余，已成一种病入膏肓的呓语。改革已取得了举世瞩目的伟大业绩，市场繁荣生活提高，“海”里很热闹岸上很消停，老百姓人人都一门心思挣钱奔小康，朗朗乾坤光明宇宙，文学远离现实的时代明明已经到来了，还遑论什么责任感使命感？还喋喋不休地干什么哇？烦人不烦人呀？在他之前古今中外有过许许多多他这样的小说家和诗人。他们的小说和诗正被一批又一批地重新发现重新评价重新出版掀起一阵阵的什么什么热，似乎证明了没什么社会责任感使命感的远比有责任感有使命感的小说或诗文学之生命力更长久……

倘偏说他们逃避现实也当然值得商榷。因为他们的为文的选择是不无现实根据的。

孰是孰非？

我想因人而异。甚至，更是因人的血质而异的吧？

当然，也由人所处的经济的、政治的、自幼生活环境和家庭影响的背景所决定的吧？南方老百姓对现实所持的态度，与北方老百姓相比就大有区别。

南方知识分子谈起改革来，与北方知识分子也难折一衷。

南方的官员与北方的官员同样有很多观点说不到一块儿去。

南方的作家和北方的作家，呈现出了近乎分道扬镳的观念态势，则也丝毫不足怪了。这就好比从前的猫与现在的猫，都想找到猫的那点子最佳的感觉，都以为自己找到的最佳亦最准确，其实作为猫，都仍是猫也不是猫了。于南方而言，并不意味着什么进化。于北方而言并不意味着什么退化。只不过是同一个物种的嬗变罢了。何况，不论在南方和北方，作家只剩一小撮了。

至于有几个西方人对中国文坛的评评点点，那是极肤浅极卖弄的。对于他们我是很知道一些底细的。他们来中国走了几遭，待了些日子，学会了说些中国话，你总得允许他们寻找到卖弄的机会。权当那是吃猫罐头长大的洋猫对中国的猫们——由逮耗子的猫变成家庭宠物的猫，以及甘心变成家庭宠物、仍想逮耗子的猫们的喵喵叫罢了。从种的意义上而谈，它们的嬗变先于我们。过来人总要说过来话，过来猫也如此。某届诺贝尔文学奖，授予一位美国黑人女作家，而她又是以反映黑人生活而无愧受之的，这本身就是对美国当代文学的一种含蓄的讽刺。

我与文学

我对文学的理解，以及我的写作，当然和许多别人一样，曾受古今中外不少作品和作家的影响，影响确乎发生在我少年、青年和中年各个阶段。或持久，或短暂。却没有古今中外任何一位作家的文学理念和他们的作品一直影响着我。而我自己的文学观也在不断变化……

下面，我按自己的年龄阶段梳理那一种影响：

童年时期主要是母亲以讲故事的方式，向我灌输了某些戏剧化的大众文学内容，如《钓金龟》《铡美案》《乌盆记》《窦娥冤》《柳毅传书》《赵氏孤儿》《一捧雪》……

那些故事的主题，无非体现着民间的善恶观点和“孝”“义”之诠释而已。母亲当年讲那些故事，目的绝然不是培养我们的文学爱好。她只不过是怕我们将来不孝，使她伤心；并怕我们将来被民间舆论斥为不义小人，使她蒙耻。民间舆论的方式亦即现今所谓之口碑。东北人家，十之八九为外省流民落户扎根。哪里有流民生态，哪里便有“义”的崇尚。流民靠“义”字相互凝聚，也靠“义”字提升自己的品格地位。倘某某男人一旦被民间舆论斥为不义小人，那么他在品格上几乎就万古不复了。我童年时期，深感民间舆论对人的品格，尤其是男人们的品格所进行的审判，是那么地权威，其公正性又似乎那么的不容置疑。故我小时候对“义”也是特别崇尚的。但流民文化所崇尚的“义”，其实只不过是“义气”，是水泊梁山和瓦岗寨兄弟帮那一种“义”。与正义往往有着质的区别，更非仁义，然而母亲所讲的那些故事，毕竟述自传统戏剧，内容都是经过一代代戏剧家锤炼的，所传达的精神影响，也就多多少少地高于民间原则，比较具有着文学美学的意义了。对于我，等于是母乳以外的另一种营养。

这就是我早期小说中的男人，尤其那些男知青人物，大抵都是孝子，又大抵都特别义气的原因。我承认，在以上两点，我有按照我的标准美化我笔下人物的创作倾向。

在日常生活中，“义”字常使我临尴尬事，成尴尬人。比如我一中学同学，是哈市几乎家喻户晓的房地产老板。因涉嫌走私，忽一日遭通缉——夜里一点多，用手机在童影厂门外往我家里打电话。白天我已受到种种忠告，电话一响，便知是他打来的。虽无利益关系，但真有同学之谊。不见，则不“义”；即往见之，则日后必有牵连。犹豫片刻，决定还是见。于是成了他逃亡国外前见到的最后一人。还要替他保存一些将来翻案的材料，还承诺三日内绝不举报。于是数次受公安司法部门郑重而严肃的面讯。说是审问也差不多。录口供，按手印，记录归档。

我至今困惑迷惘，不知一个头脑比我清醒的人，遇此事该取怎样的态度才是正确的态度？倘中学时代的亲密同学于落难之境急求一见而不见，结果虚惊一场，日后案情推翻（这种情况是常有的），我将有何面目复见斯人，复见斯人老母，复见斯人之兄弟姐妹？那中学时代深厚友情的质量，不是一下子就显出了它的脆薄性吗？这难道不是日后注定会使我们双方沮丧之事吗？

但，如果执行缉捕公务的对方不由分说，先关押我三个月五个月，甚或一年半载，甚至更长时间（我是为一个“义”字充分做好了这种心理准备的），我自身又会落入何境？

有了诸如此类的经历后，我对文学、戏剧、电影有了新的认识。那就是：凡在虚构中张扬的，便是在现实中缺失的，起码是使现实人尴尬的。此点古今中外皆然。因在现实中缺失而在虚构中张扬的，只不过是借文学、戏剧、电影等方式安慰人心的写法。这一功能是传统的功能，也是一般的功能。严格地讲，是非现实主义的，归为理想主义的写法或更正确。而且是那种照顾大众接受意向的浅显境界的理想主义写法。揭示那种种使现实人面临尴尬的社会制度的、文化背景的，以及人性困惑的真相的写法，才更是现实主义的写法。回顾我早期的写作，虽自诩一直奉行现实主义，其实是在理想主义和现实主义之间左顾右盼，每顾此失彼，像徘徊于两岸两片草地之间的那一头寓言中的驴。就中国文学史上呈现的状态而言，我认为，近代的现实主义文学，其暧昧性大于古代；现代大于近代；当代大于现代。原因不唯在当代主流文学理念的禁束，也由于我及我以上几代写作者根本就是在相当不真实的文化背景的影响之下成长起来的。它最良好开明时的状态也不过就是暧昧。故我们先天的写作基因是潜伏着暧昧的成分。即使我们产生了叛逆主流文学理念禁束的冲动，我们也难以有改变我们先天基因的能力。

自幼所接受的关于“义”的原则，在现实之中又逢困惑和尴尬。对于写作者，这是多么不良的滋扰。倘写作者对此类事是不敏感的，置于脑后便是了。偏偏我又是对此类事极为敏感的写作者。这一种有话要说不吐不快的冲动，每变成难以抗拒的写作的冲动。而后一种冲动下快速产生的，自然不可能是什么文学，只不过是文学方式的社会发言而已……

我非是那类小时候便立志要当作家才成为作家的人。在我仅仅是一个爱听故事的孩子的年龄，我对作家这一种职业的理解是那么单纯——用笔讲故事，并通过故事吸引别人感动别人的人。如果说这一种理解水平很低，那么我后来自认为对作家这一种职业的似乎“成熟”多了的理解，实际上比我小时候的理解距离文学还要远些。因为讲故事的能力毕竟还可以说是作家在新闻评论充分自由的国家和时代，可能使人成为好记者。反之，对于以文学写作为职业的人，也许是一种精力的浪费吧？如果我在二十余年的写作时间里，在千余万字的写作实践中，一直游弋于文学的海域，而不每每地被文字方式的社会发言的冲动所左右，我的文学意义上的收获，是否会比现在更值得自慰呢？

然而我并不特别地责怪自己。因为我明白，我所以曾那样，即使大错特错了，也不完全是我的错。从事某些职业的人，在时代因素的影响下，往往会变得不太像从事那些职业的人。比如“文革”时期的教师都有几分不太像教师；“文革”时期的学生更特别地不像学生。于今的我回顾自己走过的文学路，经常替自己感到遗憾和惋惜，甚至感到忧伤……

比较起来我还是更喜欢那个爱听故事的孩子年龄的我。作家对文学的理解也许确乎越单纯越好。单纯的理解才更能导我走上纯粹的路。而对于艺术范畴的一切职业，纯粹的路上才出纯粹的成果。

少年时期从小学四五年级起，我开始接触文学。不，那只能说是接近。此处所言之文学，也只不过是文学的胚胎。家居的街区内，有三四处小人书铺。我在那些小人书铺里度过了许多惬意的，无论什么时候回忆起来都觉得幸福的时光。今人大概一般认为，所谓文学的摇篮，起码是高校的中文系，或文学系。但对我而言，当年那些小人书铺即是。小人书文字简洁明快，且可欣赏到有水平的甚至堪称一流的绘画。由于字数限制所难以传达的细致的文学成分，在小人书的情节性连贯绘画中，大抵会得以形象地表现。而这一点又往往胜过文学的描写。对于儿童和少年，小人书的美学营养是双重的。

小人书是我能咀嚼文学之前的“代乳品”。

但凡是一家小人书铺，至少有五六百本小人书。对于少年，那也几乎可以说是古今中外包罗万象了。有些是当年翻译过来的外国当代作品，那样的一些小人书以后的少年是根本看不到了。

比如《中锋在黎明前死去》——这是一本取材于美国当年的荒诞现实主义电影的小人书，讽刺资本对人性的霸道的侵略。讲一名足球中锋，被一位资本家连同终生人身自由一次性买断。而“中锋”贱卖自己是为了给儿子治病。资本家还以同样的方式买断了一名美丽的芭蕾舞女演员，一头人猿，一位生物学科学家，以及另外一些他认为“特别”的具有“可持续性”商业价值的人。他企图通过生物学科学家的实验和研究，迫使所有那些被他买断了终生人身自由的“特别”人相互杂交，再杂交后代，“培植”出成批的他所希望看到的“另类”人，并推向世界市场。“中锋”却与美丽的芭蕾舞演员深深相爱了，而芭蕾舞女演员按照某项她当时不十分明白的合同条款，被资本家分配给人猿做“妻子”……

结局自然是悲惨的。美丽的芭蕾舞女演员被人猿撕碎；“中锋”掐死了资本家；生物学科学家疯了……

而“中锋”被判死刑。在黎明前，在一场世界锦标赛的海报业已贴得到处可见之后，“中锋”被推上了绞架……

这一部典型的美国好莱坞讽刺批判电影，是根据一部阿根廷20世纪50年代的剧本改编的，其内容不但涉及资本膨胀的势力与在全世界都极为关注的“克隆”实验，在其内容中也有超前的想象。倘滤去其内容中的社会立场所决定了的成分，仅从文学的一般规律性而言，我认为作者的虚构能力是出色的。

那一本小人书给我留下极深的印象。

比如《前面是急转弯》——这是一部苏联当时年代的社会现实题材小说。问世后很快就拍成了电影，并在当年的中国放映过。但我没有机会看到它，我看到的是根据电影改编的小人书。

它讲述了这样一件事：踌躇满志事业有成的男人，连夜从外地驾车赶回莫斯科，渴望着与他漂亮的未婚妻度过甜蜜幸福的周末时光。途中他的车灯照见了一个卧在公路上的人。他下车看时，见那人全身浸在一片血泊中。那人被另一辆车撞了。撞那人的司机畏罪驾车逃遁了。那人还活着，还有救，哀求主人公将自己送到医院去。在公路的那一地点，已能望见莫斯科市区的灯光了。将不幸的人及时送到医院，只不过需要二十几分钟。主人公看着血泊中不幸的人却犹豫了。他暗想如果对方死在他的车上呢？那么他将受到司法机关的审问，那么他将不能与未婚妻共同度过甜蜜幸福的周末了。难道自己连夜从外地赶回莫斯科，只不过是为了救眼前这个血泊中的人吗？他的车座椅套是才换的呀！那花了他不少的一笔钱呢！何况，没有第三者做证，如果他自己被怀疑是肇事司机呢？那么他的事业，他的地位，他的婚姻，他整个的人生……

在不幸的卧于血泊中的人苦苦的哀求之下，他一步步后退，跳上自己的车，绕开血泊加速开走了。

他确实与未婚妻度过了一个甜蜜幸福的周末。

他当然对谁都只字不提他在公路上遇到的事，包括他深深地爱着的未婚妻。

然而他的车毕竟在公路上留下了轮印，他还是被传讯并被收押了。

在审讯中，他力辩自己的清白无辜。为了证明他并没说谎，他如实“交代”了自己的真实想法……

当然，肇事司机最终还是被调查到了。

无罪的他获释了。

但他漂亮的未婚妻已不能再爱他。因为那姑娘根本无法接受这样一个事实——她不但爱而且尊敬的这个男人，竟会见死不救。非但见死不救，还在二十几分钟后与她饮着香槟谈笑风生、诙谐幽默，并紧接着和她做爱……

他的同事们也没法像以前那么对他友好了……

他无罪，但依然失去了许多……

这一部电影据说在当年的苏联获得好评。在当年的中国，影院放映率却一点儿也不高。因为在当年的中国，救死扶伤的公德教育深入人心，可以说是蔚然成风。这一部当年的苏联电影所反映的事件，似乎是当年的中国人很难理解的。正如许多中国人当年很难理解安娜·卡列尼娜为什么非离婚不可……

我承认，我还是挺欣赏苏联某些文学作品和电影中的道德影响力的。

此刻，我伏案写到此处，头脑中一个大困惑忽然产生了——救死扶伤的公德教育（确切地说应该是人性和人道教育）在当年的中国确曾深入人心，确曾蔚然成风——但“文革”中灭绝人性和人道的残酷事件，不也是千般百种举不胜举吗？为什么一个民族会从前一种事实一下子就“转移”到后一种事实了呢？

是前一种事实不真实吗？

我是从那个时代成长过来的。我感觉那个时代在那一点上是真实的啊。

是后一种事实被夸张了吗？

我也是从后一个时代经历过来的。我感觉后一个时代确乎是可怕的时代啊。

我想，此转折中，我指的非是政治的而是人性的——肯定包含着某些规律性的至为深刻的原因。它究竟是什么，我以后要思考思考……

倘一名少年或少女手捧一本内容具有文学价值的小人书看着，无论他或她是在哪里看着，其情形都会立刻勾起我对自己少年时代看小人书度过的那些美好时光的回忆，并且，使我心中生出一片温馨的感动……

我至今保留着三十几本早年出版的小人书。

中学时代某些小人书里的故事深印在我头脑中，使我渴望看到那些故事在“大书”里是怎样的。我不择手段地满足自己对文学作品的阅读癖，也几乎是不择手段地积累自己的财富——书。

与我家一墙之隔的邻居姓卢。卢叔是个体收破烂的，经常收回旧书。我的财富往往来自他收破烂的手推车。我从中发现了《白蛇传》和《梁祝》的戏剧唱本，而且是解放前的，有点儿“黄色”内容的那一种。一部破烂不堪的《聊斋志异》也曾使我欣喜若狂如获至宝。

《白蛇传》是我特别喜欢的文学故事。古今中外，美丽的，婉约的，缠绵于爱，为爱敢恨敢舍生忘死拔剑以拼的巨蛇只有一条，那就是白娘子白素贞。她为爱所受之苦难，使是中学生的我那么那么地心疼她。我不怎么喜欢许仙。我觉得爱有时是值得越乎理性的。白娘子对许仙的爱便值得他越乎理性地守住，既可超乎理性，又怎忍歧视她为异类？当年我常想，我长大了，倘有一女子那般爱我，则不管她是蛇，是狮虎，是狼甚至是鬼怪，我都定当以同样程度同样质量的爱回报她。哪怕她哪一天恶性大发吃了我，我也并不后悔。正如歌曲唱的“何必天长地久，只求此际拥有”。

但是《白蛇传》又从另一方面影响了我的情爱观，那就是——

我从少年时期起便本能地惧怕轰轰烈烈的、不顾生不顾死的那一种爱。我觉得我的生命肯定不能承受爱得如此之重。向往之，亦畏之。少年的我，对家庭已有了责任意识，而且是必须担当的责任意识，故常胡思乱想——设若将来果真被一个女子以白蛇那一种不顾生不顾死的方式爱着了，我可究竟该怎么办才好呢？我是明明不可以相陪着不顾生不顾死地爱的啊！倘我为爱陪死了，谁来孝敬母亲呢？谁来照顾患精神病的哥哥呢？进而又想，我若一孤儿，或干脆像孙悟空似的，是从石头里“生”出来的，那多好。那不是就可以无牵无挂地爱了吗？这么想，又立刻意识到对父母对家庭很是罪过，于是内疚，自责……

《梁祝》的浪漫也是我极为欣赏的。

我认为这一则文学故事的风格是完美的。以浪漫主义的“欢乐颂”式的喜悦情节开篇；以现实主义的正剧转悲剧的起承跌宕推进人物命运；又以更高境界的浪漫主义情调扫荡悲剧的压抑，达到想象力的至臻至美。它绮丽幽雅，飘逸隽永，“秾纤得衷，修短合度”。

我认为就一则爱情故事而言，其浪漫主义与现实主义相结合的出神入化，古今中外，无其上者。

据说，在某些大学中文系的课堂，《白蛇传》和《梁祝》的地位只不过列在“民间故事”的等级。而在我的欣赏视野内，它们是经典的，绝对一流的，正宗的雅文学作品。

梁斌的《红旗谱》以及下部《播火记》给我的阅读印象也很深。

《红旗谱》中有一贫苦农民是严志和，严志和有二子，长子运涛，次子江涛。江涛虽农家子，却仪表斯文，且考上了保定师专。师专有一位严教授，严教授有一独生女严萍，秀丽，聪慧，善良，具叛逆性格。她与江涛相爱。

中学时期的我，常想象自己是江涛，梦想班里似乎像严萍的女生注意我的存在，并喜欢我。

这一种从未告人的想象延续不灭，至青年，至中年，至于今。往往忘了年龄，觉得自己又是学生。相陪着一名叫严萍的女生逛集市。而那集市的时代背景，当然是《红旗谱》的年代。似乎只有在那样的年代，一串糖葫芦俩人你咬下一颗我咬下一颗地吃，才更能体会少年之恋的甜。在我这儿，一枝红玫瑰的感觉太正儿八经了；倘相陪着逛大商场，买了金项链什么的再去吃肥牛火锅，非我所愿，也不会觉得内心里多么美气……

当然我还读了高尔基的“三部曲”；读了《牛虻》《钢铁是怎样炼成的》《红岩》《斯巴达克》等。

蒲松龄笔下那些美且善的花精狐妹，仙姬鬼女，皆我所爱。松龄先生的文采，是我百读不厌的。于今，偶游刹寺庙庵，每作如是遐想——倘年代复古，愿寄宿院中，深夜秉烛静读，一边留心侧耳，若闻有女子低吟“玄夜凄风却倒吹，流萤惹草复沾帏”，必答“幽情苦绪何人见，翠袖单寒月上时”，并敞门礼纳……

另有几篇小说不但对我的文学观，而且对我的心灵成长，对我的道德观和人生观产生影响。

陀斯妥耶夫斯基的《白夜》。

这是一个短篇。内容：一个美丽的少女与外祖母相依为命。外祖母视其为珠宝，唯恐被“盗”，于是做了一件连体双人衫。自己踏缝纫机时，与少女共同穿上，这样少女就离不开她了，只有端端地坐在她旁边看书。但要爱的心是管不住的。少女爱上了家中房客，一位一无所有的青年求学者，每夜与他幽会。后来他去彼得堡应考，泥牛入海，杳无音信。少女感到被弃了，常以泪洗面。在记忆中，此小说是以“我”讲述的。“我”租住在少女家阁楼上。“我”渐渐爱上了少女。少女的心在被弃的情况下是多么地需要抚慰啊！就在“我”似乎以同情赢得少女的心，就在“我”双手捧住少女的脸颊欲吻她时，少女猛地推开了“我”跑向前去——她爱的青年正在那时回来了……于是他们久久地拥抱在一起，久久地吻着……而“我”又失落又感动，心境亦苦亦甜，眼中不禁盈泪，缓缓转身离去。那一个夜晚月光如水。那是“我”记忆中最明亮的夜……

陀氏以第一人称写的小说极少。甚至，也许仅此一篇吧？此篇一反他一向作品的阴郁冷漠的风格，温馨圣洁。它告诉中学时期的我：爱不总是自私的。爱的失落也不必总是“心口永远的疼”……

马卡连柯的《教育诗》。内容：苏维埃共和国初期的孤儿院长马卡连柯，在孤儿院粮食短缺的情况下，将一笔巨款和一支枪、一匹马交给了孤儿中一个“劣迹”分明的青年，并言明自己交托的巨大信任，对孤儿院的全体孩子们意味着什么。那青年几乎什么也没表示便接钱、接枪上马走了。半个月过去，人们都开始谴责马卡连柯。但某天深夜，那青年终于疲惫不堪地引领着押粮队回来了，他路上还遇到了土匪，生命险些不保。

他问马卡连柯：“院长，您是为了考验我吗？”马卡连柯诚实地回答：“是的。”“如果我利用了您的考验呢？”“当时的情况不允许我这样想。你知道的，只有你一个人能完成任务。”“那么，您胜利了。”“不，孩子，是你自己胜利了。”高尔基看了《教育诗》大为感动，邀见了马卡连柯院长，促膝长谈。它使中学时期的我相信：给似乎不值得信任的人一次值得信任的机会，未尝不是必要的。人心渴望被信任，正如植物不能长期缺水。但是后来我的种种经历亦从反面教育我——那确乎等于是在冒险。

托尔斯泰的《复活》。

这部小说使中学时期的我害怕：倘一个人导致了另一个人的悲剧，而自己不论以怎样的方式忏悔都不能获得原谅，那么他将拿自己怎么办？

法朗士的《衬衫》。内容：国王生病，病症是备感自己的不幸福。于是名医开方——找到一件幸福的人穿过的衬衫让国王穿，幸福的微粒就会被国王的皮肤吸收。于是到处寻找幸福的人。举国上下找了个遍，竟无人幸福。那些因权力、地位、财富、名望、容貌而被别人羡慕的人，其实都有种种的不幸福。最令人苦笑不禁的是：有人因自己的妻子是国王的情妇而不幸福；有人也因自己的妻子不能是国王的情妇而不幸福。最后找到了一个在田间小憩的农夫，赤裸上身快乐吹笛。问其幸福否？答正幸福着。于是许以城池，仅求一衫。农夫叹曰：我穷得连一件衬衫都没有……

它使中学时期的我对大人们的人生极为困惑：难道幸福仅仅是一个词罢了？

后来我的人生经历渐渐教育我明白：幸福只不过是人一事一时，或一个时期的体会。一生幸福的人，大约真的是没有的……

“文革”中我获得了一个绝好的机会——半个月内，昼夜看管学校图书室。那是我以“红卫兵”的名义强烈要求到的责任。有的夜晚我枕书睡在图书室。虽然只不过是一所中学的图书室，却也有两千多册图书。于是我如饥似渴地读雨果、霍桑、司汤达、狄更斯、哈代、卢梭、梅里美、莫泊桑、大仲马、小仲马、罗曼·罗兰，等等。

于是我的文学视野，由苏俄文学，而拓宽向 18、19 世纪西方大师们的作品……

拜伦的激情、雪莱的抒情、雨果的浪漫与恣肆磅礴、托尔斯泰的从容大气、哈代的忧郁、罗曼·罗兰的蕴藉深远以及契诃夫的敏感、巴尔扎克的笔触广泛，至今使我钦佩。

莎士比亚没怎么影响过我。

《红楼梦》我也不是太爱看。

却对安徒生和格林兄弟的童话至今情有独钟。

西方名著中有一种营养对我是重要的。那就是善待和关怀人性的传统以及弘扬人道精神。

今天的某些评者讽我写作中的“道义担当”之可笑。

而我想说：其实最高的道德非它，乃人道。我从中学时代渐悟此点。我感激使我明白这一道理的那些书。因而，在“文革”中，我才是一个善良的红卫兵。因而，大约在1984年，我有幸参加过一次《政府工作报告草案》的党外讨论，力陈有必要写入“对青少年一代加强人性和人道教育”。后来，“报告”中写入了。但修饰为“社会主义的人性和革命的人道主义教育”。我甚至在1979年就写了一篇辩文《浅谈“共同人性”和“超阶级的人性”》。以上，大致勾勒出了我这样一个作家的文学观形成的背景。我是在中外古典文学的影响之下决定写作人生的。这与受现代派文学影响的作家们是颇为不同的。我不想太现代。但也不会一味崇尚“古典”。因为中外古典文学中的许多人事，今天又重新在中国上演为现实。现实有时也大批“复制”文学人物及情节和事件。真正的现代的意义，在中国，依我想来，似应从这一种现实对文学的

"复制"中窥见深刻。但这非是我有能力做到的。在中国古典小说中，我喜欢的名著依次如下:《三国演义》《西游记》《封神演义》《水浒传》《隋唐演义》《红楼梦》《老残游记》《聊斋志异》……我喜欢《三国演义》的气势磅礴、场面恢宏、塑造人物独具匠心的情节和细节。

中外评家在评到托尔斯泰的《安娜·卡列尼娜》时，总不忘对它的开卷之语溢美有加。正如我们都知道的，那句话是:"幸福的家庭是相似的，不幸的家庭各有各的不幸。"

据说，托翁写废了许多页稿纸，苦闷多日才确定了此开卷之语。

于是都知道此语是多么多么好，此事亦成美谈。然我以为，若与《三国演义》的开卷之语相比，则似乎顿时失色。"话说天下大势，分久必合，合久必分。"我常觉得这是几乎只有创世纪的上帝才能说出来的话。当然，两部小说的内容根本不同，是不可以强拉硬扯地胡乱相比的。我明知而非要相比，实在是由于钦佩。

我一直认为这是一部关于一个国家的一次形成的伟大小说。它所包含的政治的、军事的、"外"交的以及择才用人的思想，直至现今依然是熠熠闪光的。在惊天地泣鬼神的大战役的背景之下刻画人物，后来无其上者。

《三国演义》是绝对当得起"高大"二字的小说。我喜欢《西游记》的想象力。我觉得那是一个人的想象天才伴随着愉快所达到的空前绝后的程度。娱乐全球的美国电影《蝙蝠侠》啦,《超人》啦,《星球大战》啦,一比就都被比得小儿科了。《西游记》乃天才的写家为我们后人留下的第一"好玩儿"的小说。《封神演义》的想象力不逊于《西游记》。它常使我联想到荷马的《伊利亚特》和《奥德赛》。"雷震子"和"土行孙"二人物形象,证明着人类想象力所能达到的妙境。在全部西方诸神中,模样天真又顽皮的爱神丘比特,也证明着人类想象力所能达到的妙境。东西方人类的想象力在这一点上相映成趣。

《封神演义》乃小说写家将极富娱乐性的小说写得极庄严的一个范本。《西游记》的"气质"是喜剧的;《封神演义》的"精神"却是特别正剧的,而且处处呈现着悲剧的色彩。

我喜欢《水浒传》刻画人物方面的细节。几乎每一个主要人物的出场都是精彩的,而且在文学的意义上是经典的。少年时我对书中的"义"心领神会。青年以后则开始渐渐形成批判的态度了。梁山泊好汉中有我非常反感的二人:一是宋江;一是李逵。我并不从"造反"的不彻底性上反感宋江,因为那一点也可解释成人物心理的矛盾。我是从小说写家塑造人物的"薄弱"方面反感他的。我从书中实在看不出他有什么当"第一把手"的特别的资格。而李逵,我认为在塑造人物方面是更加地失败了,觉得只不过是一个符号。他一出场,情节就闹腾,破坏我的阅读情绪。李逵这一人物简单得几乎概念化。关于他唯一好的情节,依我看来,便是下山接母。《水浒传》中最煞有介事也最有损“好汉”本色的情节，是石秀助杨雄成功地捉了后者妻子的奸那一回。那一回一箭双雕地使两个酷武男人变得像弄里流氓。杨雄的杀妻与武松的弑嫂是绝不能相提并论的。武松的对头西门庆是与官府过从甚密的势力人物；武松的弑嫂起码还符合着一命抵一命的常理。杨雄杀妻时，从旁幸灾乐祸着的石秀的样子，其实是相当猥琐的。他后来深入虎穴暗探祝家庄的“英雄行为”，洗刷不尽他的污点……

《隋唐演义》自然不如《水浒传》那么著名，但比之《水浒传》，它似乎将“义”的品质提升了层次。瓦岗兄弟的成分，似乎也不像梁山好汉那么芜杂。而且，前者所反的，直接便是朝廷。他们的目标是明确的而不是暧昧的，他们是比宋江们更众志成城的，所以他们成功了。秦琼这个人物身上所体现的“义”，具有“仁义”的意义，是所有的梁山好汉们身上全都不曾体现出来的……

我不是多么喜欢《红楼梦》这一部小说。

它脂粉气实在是太浓了，不合我阅读欣赏的“兴致”。

我想，男人写这样的一部书，不仅需要对女人体察入微的理解，自身恐怕也得先天地有几分女人气的。曹雪芹正是一位特别女人气的天才。但我依然五体投地地佩服他写平凡，写家长里短的非凡功力。我常思忖，这一种功力，也许是比写惊天动地的大事件更高级的功力。西方小说中，曾有“生活流”的活跃，主张原原本本地描写生活，就像用摄像机记录人们的日常生活那样。我是看过几部“生活流”的样板电影的。那样的电影最大程度地淡化了情节，也根本不铺排所谓矛盾冲突。人物在那样的电影里“自然”得怪怪的，就像外星人来到地球上将人类视为动物而拍的“动物世界”。那样的电影的高明处，是对细节的别具慧眼的发现和别具匠心的表现。没了这一点，那样的电影就几乎没有任何欣赏的价值了。

我当然不认为《红楼梦》是什么“生活流”小说。事实上《红楼梦》对情节和人物命运的设计之讲究，几乎到了考究的程度。但同时，《红楼梦》中充满了对日常生活细节，以及人物日常情绪变化的细致描写。那么细致需要特殊的自信，其自信非一般写家所能具有。

《红楼梦》是用文学的一枚枚细节的“羽毛”成功地“裱糊”了的一只天鹅标本。它的写作过程显然可评为“慢工出细活儿”的范例。我由衷地崇敬曹雪芹在孤独贫病的漫长日子里的写作精神。那该耐得住怎样的寂寞啊。曹雪芹是无比自信地描写细节的大师。《红楼梦》给我的启示是：细细地写生活，这一对小说的曾经的要求，也许现今仍不过时……

我喜欢《老残游记》，乃因它的文字比《二十年目睹之怪现状》《儒林外史》《官场现形记》都好些，结构也完整些；还因它对自然景色的优美感伤的描写。

《聊斋志异》不应算白话小说，而是后文言小说。我喜欢的是它的某些短篇。至于集中的不少奇闻异事，现今的小报上也时有登载，没什么意思的。

我至今仍喜欢的外国小说是：《约翰·克里斯朵夫》《悲惨世界》《九三年》《大卫·科波菲尔》《安娜·卡列尼娜》《红与黑》《红字》《苔丝》《简·爱》，巴尔扎克和梅里美的某些中短篇代表作……

我不太喜欢《雾都孤儿》《呼啸山庄》那一类背景潮湿阴暗，仿佛各个角落都潜伏着计谋与罪恶，而人物心理或多或少有些变态的小说……

《堂吉诃德》我也挺喜欢。有三位外国作家的作品是我一直不大喜欢得起来的：陀思妥耶夫斯基、左拉、劳伦斯。

一个事实是那么地令我困惑不解：资料显示，陀氏活着的时候，许多与他同时代的俄国人，甚至可以说大多数与他同时代的俄国人谈论起他和他的作品，总是态度暧昧地大摇其头。包括许多知识分子和他的作家同行们。他们的暧昧中当然有相当轻蔑的成分。一些人的轻蔑怀有几分同情；另一些人的轻蔑则彻底地表现为难容的恶意。陀氏几乎与他同时代的任何一位作家都没有什么密切的往来，更没有什么友好的交往。他远远地躲开着所谓文学的沙龙。那些场合也根本不欢迎他。他离群索居，在俄国文坛的边缘，默默地从事他那苦役般的写作。他曾被流放西伯利亚，患有癫痫病，最穷的日子里买不起蜡烛。他经常接待某些具有激进的革命情绪的男女青年。他们向他请教拯救俄国的有效途径，同时向他鼓吹他们的“革命思想”。而他正是因为头脑之中曾有与他们相一致的思想才被流放西伯利亚的，并且险些在流放前被枪毙。于是他以过来人的经验劝青年们忍受，热忱地向他们宣传他那种“内部革命”的思想。他那种思想有点儿接近“文革”时期倡导的“斗私批修”“灵魂深处爆发革命”。他相信并且强调，“一个”真的正直的人的榜样的力量是无穷的。他更加热忱地预言，只要这样的“一个”人确乎出现了，千万民众就会首先自己洗心革面地追随其后，于是一个风气洁净美好的新社会就自然而然地形成了。那“一个”人究竟应该是怎样的呢，便是他《白痴》中的梅什金公爵了。一个从精神病院出来的，和他自己一样患有癫痫病的没落贵族后裔。他按照自己的标准，将他用小说为人类树立的榜样塑造成一个单纯如弱智儿，集真善美品质于一身的理想人物。而对于大多数精神被社会严重污染与异化的人们，灵魂要达到那么高的高度显然不但是困难的，而且是痛苦的。他在《罪与罚》中成功地揭示了这一种痛苦，并试图指出灵魂自新的方式。他自信地指出了，那方式便是他“灵魂深处爆发革命”的主张。当然，他的“革命”说，非是针对社会的行为，而是每一个人改造自己灵魂的自觉意识……

综上所述，像他这样一位作家，在活着的时候，既受到思想激进者们的嘲讽，又引起思想保守者们的愤怒是肯定的。因为他的梅什金公爵，分明不是后者们所愿承认的什么榜样。他们认为他是在通过梅什金公爵这一文学形象影射他们的愚不可及。而他欣赏他的梅什金公爵又是那么地由衷，那么地真诚，那么地实心实意。

陀氏在他所处的时代是尴尬的，遭受误解最多的。他的众多作品带给他的与其说是荣耀和敬意，还莫如说是声誉方面的伤痕。

但也有资料显示，在他死后，“俄国的有识之士全都发来了唁电”。

那些有识之士们是哪些人？资料没有详列。

是因为他死了，“有识之士”们忽然明白，将那么多的误解和嘲讽加在他身上是不仁的，所以全都表示哀悼；还有后来研究他的人，认为与他同时代的“有识之士”们对他的态度是可耻的，企图掩盖历史的真相呢？

我的困惑正在此点。

我是由于少年时感动于他的《白夜》才对他发生兴趣的。到“上山下乡”前，我已读了大部分他的小说的中文译本。以后，便特别留意关于他的评述了。

我知道托尔斯泰说过嫌恶陀氏的话，而陀氏年长他七岁，成名早于他十几年，是他的上一代作家。

高尔基甚至这么评价他：“陀思妥耶夫斯基无可争辩，毫无疑问地是天才。但这是我们的一个凶恶的天才。”

车尔尼雪夫斯基更是曾几乎与他势不两立。

苏维埃成立以后，似乎列宁和斯大林都以批判性的话语谈论过他。

于是陀氏在苏联文学史上的地位一再低落。

而相应的现象是，西方世界的文学评论，将他推崇为俄国第一伟大的作家，地位远在屠格涅夫、托尔斯泰之上。这有西方新兴文学流派推波助澜的作用，也有意识形态冷战的因素。

我不太喜欢他，仅仅是不太喜欢他而已，并不反感他。我的不太喜欢，也完全是独立的欣赏感受，不受任何方面的评价的影响。我觉得陀氏的小说中，不少人物身上都有神经质的倾向。在现实生活中我非常难以忍受神经质的人在我眼前晃来晃去，读同样文学状态的小说我亦会产生心烦意乱的生理反应。我一直承认并相信文学对于人的所谓灵魂有某种影响力，但是企图探讨并诠释灵魂问题的小说却是使我望而生畏的。陀氏的小说中有太浓的宗教意味儿，而且远不如宗教理念那么明朗健康。最后一点，在对一切艺术的接受习惯上，“病态美学”是我至今没法儿亲和的。而陀氏的作品，是我所读过的外国小说中病态迹象呈现得显著的……

我觉得高尔基评说陀氏是“一个凶恶的天才”，用词太狠了，绝对不公正。我认为陀氏是“一个病态的天才”。首先是天才，其次有些病态。因其病态而使作品每每营造出紧张压抑、阴幻异迷的气氛，而这正是许多别的作家们纵然蓄意也难以为之的风格。陀氏的作品凭此风格独树一帜。但那的确非是我所喜欢的小说的风格。他常使我联想到凡·高。凡·高是一个心灵多么单纯的大儿童啊！西方的评论也认为陀氏是一个心灵单纯的大儿童。我却不这么认为。我觉得恰恰相反。身为作家，也许陀氏的心灵常常处在内容太繁杂太紊乱的状态了。因为儿童是从来不想人的灵魂问题的。成年人难免总要想想的，但若深入地去想，是极糟糕的事。凡·高以对光线和色彩特别敏感的眼观察大自然，因而留给我们的是美；陀氏却以对人心特别敏感的、神经质的眼观察罪恶在人心里的起源，因而他难免写出一些使人看了不舒服的东西。这乃是作家与画家相比，作家注定了容易遭到误解与攻讦的前提。除了陀氏的《白夜》，我还喜欢他的《穷人》。我对他这两篇作品的喜欢，和对他某些作品的不喜欢，只怕是难以改变的了……

在20世纪80年代以前，对于我这样一个由喜欢看小人书而接触文学的少年，爱弥尔·左拉差不多是一位陌生的法国作家的名字。倒是曾经与他非常友好，后来又化了名在报上攻击他的都德，给我留下极深的记忆。这乃因为，都德的短篇《最后一课》，收入过初中一年级的语文课本里，也被改编成小人书。而且，在收音机里反复以广播小说的形式播讲过。

在我少年时代的小人书铺里，我没发现过由左拉的小说改编的小人书。肯定是由于左拉的小说不适合改编成小人书供少年们看。

在我是知青的年龄，曾极短暂地拥有过一部左拉的《娜娜》。

那时我已是“兵团”的文学创作员。每年有一次机会到“兵团”总司令部佳木斯市去接受培训。我的表哥居佳木斯市。我自然会利用每次接受培训的机会去看他。有次他不在家，我几乎将他珍藏的外国小说“洗劫”一空，塞了满满一大手提包带回了我所在的一团宣传股，其中就包括左拉的《娜娜》。手提包里的外国小说其实我都看过，唯《娜娜》闻所未闻。我几次想从提包里翻出来在列车上看，但是不敢。因为当年，一名青年在列车上看一部外国小说已有那么几分冒天下之大不韪，倘书名还是《娜娜》这么容易使人产生猜想的外国小说，很可能会引起“革命”目光的关注。我认识的几名知青曾在探家所乘的列车上传看过《黑面包干》这么一部苏联小说，受到周围“革命”乘客的批评而不以为然，结果“革命”乘客们找来了列车长和乘警。列车长和乘警以“有义务爱护青年们的思想”为由收缴《黑面包干》。那几位知青据理力争，振振有词，说《黑面包干》怀着敬爱之情写到列宁，是一部好小说。对方说，有些书表面看起来是好的，却在字里行间贩卖修正主义的观点。于是强行收缴了去，使那几名知青一路被周围乘客以看待问题青年的眼光备受关注，言行自然不得……

他们的教训告诉我，还是在列车上不看《娜娜》的好。

而这就使我失去了一次当年领略左拉小说的机会。因为，我回到一团团部，将手提包放在宣传股的桌上，去上厕所的当儿，书已被瓜分一空，急赤白脸地要都没人还回一本。《娜娜》自然也不翼而飞。

在复旦大学中文系的内部阅览室，我借阅过左拉的《小酒店》。序言评价那部小说“无情地揭露了资本主义社会制度”。它写的是一名工人和他的妻子从精神到肉体堕落及毁灭的过程。我觉得左拉式的现实主义“真实”得使人周身发冷，使人绝望——对社会制度作用下的底层人群的集体命运感到绝望。在《小酒店》中，底层人物的形象粗俗、卑贱，几乎完全丧失人的自尊意识，并且似乎从来也没感到过对它的需要。他们和她们生存在潮湿、肮脏，到处充满着污秽气味和犯罪企图的环境里，就像狄更斯《雾都孤儿》里那些被上帝抛弃了的、破衣烂衫的、早晨一睁开双眼便开始寻思到哪儿去偷点儿什么东西的孩子。我们在读《雾都孤儿》时，内心会情不自禁地涌起一阵阵同情。但是在《小酒店》里，我们的同情被左拉那支笔戳得千疮百孔。因为儿童还拥有将来，留给我们为他们命运的改变作祈祷和想象的前提。而《小酒店》里的成年男女已没有将来。他们的将来被社会也被他们自己扔在劣质酒缸里泡尽了生命的血色……

我是自少年起读另一类现实主义小说长大的，它们被冠以“革命现实主义”。在“革命现实主义”小说里，底层人物的命运虽然穷困无助甚或凄惨，但至少还有一种有希望的东西——那就是赖以自尊和改变命运的品质资本。还有他们和她们那一种往往被描写得美好而又始终不渝，令人羡慕的经得起破坏的爱情。这两种“革命现实主义”小说几乎必不可少的因素，在左拉的批判现实主义小说里是少见的。与许多批判现实主义小说尤其不同的是，左拉的批判现实主义小说的笔触极冷，使人联想到“零度感情”状态之下那一种写作。

我后来对于法国历史有了一点了解，开始承认左拉自称“自然主义”的那一种现实主义，可能更真实地逼近着他所处的法国的时代现实的某一面。

而我曾扪心自问，我对左拉式的现实主义保持阅读距离，当然不是左拉的错，而是由于我自己即使作为读者，也一直缺少阅读另类现实主义小说的心理准备。进一步说，我这样的一个自诩坚持现实主义的中国作家，也许是不太有勇气目光逼近地面对更真实太真实的现实的一种的。

毕竟，我在我的阅读范围伴随之下的成长，决定了我是一个温和的现实主义作家——与左拉的写作相比较而言。

在对现实主义的理念方面，我更倾向于巴尔扎克。

巴尔扎克对现实的批判态度体现得更睿智一些，因而他将他的系列小说统称为《人间喜剧》。左拉对现实的批判态度却体现得更“狠”一些……我在大学里也读了左拉的《娜娜》。那部小说讲述富有且地位显赫的男人们，怎么样用金钱深埋一个风尘女子于声色犬马的享乐的泥沼里；而她怎么样游刃有余地利用她的美貌玩弄他们于股掌之上。结局是她患了一种无药可医的病，像一堆腐肉一样烂死在床上。

娜娜式的人生，确切地说是女人的人生，在现今的中国举不胜举。其大多数活得比娜娜幸运。倘我们不对“幸福”二字作太过理想主义的理解，那么也可以认为她们的人生不但是幸福的，而且是时兴的。她们中绝少有人患娜娜那一种病，也绝少有人的命运落到娜娜那种可怕的下场。她们生病了，一般总是会在宠养她们的男人们的安排之下，享受比高干还周到的医疗待遇。左拉将他笔下的娜娜的命运下场设计得那么丑秽，证明了左拉的现实主义的确是相当“狠”的一种，比死亡还“狠”。

先我读过《娜娜》的同学悄悄而又神秘地告诉我：“那绝对是值得一读的小说，我刚还，你快去借……”

我借到手了。两天内就读完了。

读过哈代的《德伯家的苔丝》，小仲马的《茶花女》，再读左拉的《娜娜》，只怕是没法儿不失望的。

我想，我的同学说它“绝对是值得一读的”，也许另有含意。

《卢贡家族的命运》和《萌芽》才是左拉的代表作。可惜以后我就远离左拉的小说了，至今没读过。

既没读过左拉的代表作，当然对左拉小说的看法也就肯定是不客观的。比如在以上两部小说中，文学研究资料告诉我，左拉对底层人物形象，确切地说是对法国工人的描写，就出“零度感情”

而变得极其真诚热烈了。

好在我写到左拉其实非是要对左拉进行评论，而主要是分析我自己对现实主义的矛盾心理和暧昧理念。

我认为《红与黑》《红字》《简·爱》《复活》《安娜·卡列尼娜》《茶花女》《德伯家的苔丝》《巴黎圣母院》《红楼梦》《聊斋志异》等等都是初中的男孩子女孩子皆可看的书。只要不影响学业，家长们若加以斥责，老师们若反对，那便是家长和老师们的偏狭了。

至于另外一些书，虽然一向也有极高的定评，比如《金瓶梅》或类似的书，我想，我还是不必去实践着写吧。

我渐渐悟到了这么一点——文学的某些古典主义的原理，在现代还远远没被证明已完全过时。也许正是那些原理，维系着人与文学类的书的古老亲情，使人读文学类的书的时光，成为美好的时光；也使人对文学类的书的接受心理，能处在一种优雅的状态。

我想我要从古典主义的原理中，再多发现和取来一些对我有益的东西，而根本不考虑结果自己会否迅速落伍……

最后我想说，我特别特别钦佩左拉在“德雷福斯”案件中的勇敢立场。他为他的立场付出了全部积蓄，再度一贫如洗。同时牺牲了健康、名誉。还被判了刑，失去了朋友，成了整个法兰西的“敌人”，并且被逐出国。

然而他竟没有屈服。

十二年以后他的立场才被证明是正确的。

我认为那件事是左拉人生的“绝唱”。

是的，我特别特别钦佩他此点。

因为，即使在我是血气方刚的青年时都没勇气像左拉那样；现在，则更没勇气了……

劳伦斯这位英国作家是从20世纪80年代中期才渐入我头脑的。

那当然是由于他的《查泰莱夫人的情人》中译本的出版。

“文革”前那一部书不可能有中译本。这是无须赘言的——但新中国成立前有。

1974至1977年间，我在复旦大学中文系的“内部图书阅览室”也没发现过那一部书和劳氏的别的书。因而，《查泰莱夫人的情人》中译本出版前，我惭愧地承认，对我这个自认为已读过了不少外国小说的“共和国的同龄人”，劳伦斯是一个完全陌生的名字。

读过《查泰莱夫人的情人》的中译本以后，我看到了同名的电影的录像。并且，自己拥有了一盘翻转的。书在当年出版不久便遭禁，虽已是“改革开放”年代，虽我属电影从业人员，但看那样一盘录像，似乎也还是有点儿犯忌。知道我有那样一盘录像的人，曾三四五人神秘兮兮地要求到我家去“艺术观摩”。而我几乎每次都将他们反锁在家里。

好多家出版社当年出版了那一部小说。

不同的出版说明和不同的序，皆将那一部小说推崇为“杰作”。皆称劳氏为“天才”的或“鼎鼎大名”的小说家。同时将“大胆的”“赤裸裸的”“惊世骇俗”的性爱描写“提示”给读者。当然，也必谈到英国政府禁了它将近四十年。

我读那一部小说没有被性描写的内容震撼。

因为我那时已读过《金瓶梅》，还在北影文学部的资料室读到过几册明清年代的艳情小说。《金瓶梅》的“赤裸裸”性爱描写自不必说。明清年代那些所谓艳情小说中的性爱描写，比《金瓶梅》有过之而无不及。在中国各朝各代非“主流”文学中，那类小说俯拾皆是。当然，除了“大胆的”“赤裸裸的”性爱描写这一共同点，那些东西是不能与《查泰莱夫人的情人》相提并论的。

有比较才有鉴别。

读而后比较的结果是——使劳氏鼎鼎大名的他的那一部小说，在性爱描写方面，反而显得挺含蓄，挺文雅，甚而显得有几分羞涩似的了。总之我认为，劳氏毕竟还是在以相当文学化的态度在他那部小说中描写性爱的。我进一步认为，毫不含蓄地描写性爱的小说，在很久以前的中国，倒可能是世界上最多的。那些东西几乎无任何文学性可言。

我非卫道士。

但是我一向认为，一部小说或别的什么书，主要以“大胆的”“赤裸裸的”性爱描写而闻名，其价值总是打了折扣的。不管由此点引起多么大的沸扬和风波，终究不太能直接证明其文学的意义。

故我难免会按照我这一代人读小说的很传统的习惯，咀嚼《查泰莱夫人的情人》的思想内容。

我认为它是一部具有无可争议的思想内容的小说。

那思想内容一言以蔽之就是——对英国贵族人士表示了令他们难以沉默的轻蔑。因为劳氏描写了他们的性无能，以及企图遮掩自己性无能真相的虚伪。当然，也就弘扬了享受性爱的正当权利。

我想，这才是它在英国遭禁的根本缘由。

因为贵族精神是英国之国家精神的一方面，贵族形象是英国民族形象历来引以为豪的一方面。

在此点上，劳氏的那一部书，似又可列为投枪与匕首式的批判小说。

但英国是小说王国之一。

英国的大师级小说家几个世纪以来层出不穷，一位位彪炳文史，名著之多也是举世公认的。与他们的作品相比，劳氏的小说实在没什么独特的艺术造诣。就论对贵族人士及阶层生活形态的批判吧，劳氏的小说也不比那些大师们的作品更深刻更有力度。

但劳氏鼎鼎大名起来的，分明非是他的小说所达到的艺术高度，而是他的《查泰莱夫人的情人》当时及以后所造成的新闻。

我想，也许我错了，于是借来了他的《儿子与情人》认真地看了一遍。

我没从他的后一部小说看出优秀来。

由劳氏我想到了两点：第一点，我们每一个人作为读者，是多么容易受到宣传和炒作的影响啊。正如触目皆是的广告对我们每一个人的消费意识必发生影响一样。这其实不应感到害羞，也谈不上是什么弱点。但如果不能从人云亦云中摆脱出来，那则有点儿可悲了。第二点，我敢断言，中外一切主要因对性的描写程度“不当”而遭禁的书，那禁令都必然是一时的，有朝一日的解禁都是注定了的。虽禁之未必是作者的什么耻辱，但解禁也同样未必便是一部书的荣耀。

人类文明到今天，对性事的禁忌观念已解放得够彻底，评判一部小说的价值，当高出于论性的是是非非。倘在性以外的内容所留的评判空间庸常，那么“大胆”也不过便是“大胆”，“赤裸裸”也不过便是“赤裸裸”……

我这一种极端个人化的读后杂感，仅作一厢情愿的自言自语式的记录而已，不想与谁争辩的。

随提一笔，根据《查泰莱夫人的情人》改编的电影，抹淡了原著对英国贵族人士的轻蔑，裸爱镜头不少，但拍得并不猥秽。尽管算不上一部多么好的电影，却还是可归于文艺片之列的。

我也基本上同意这样的评论：就劳伦斯本人而言，他对性爱描写的态度，显然是诚实的、激情的和健康的。

我不太喜欢他和他的小说，纯粹由于艺术性方面的阅读感觉。

现在，我要回过头来再谈我自己写作实践中的得失。

首先我要提的是《一个红卫兵的自白》。这一本书，对于在“文革”中刚刚出生和“文革”以后出生的很年轻的一代，比较感性地认识“文革”，有一点点解惑的意义。写时的动机正在于此。但也就是一点点的解惑意义而已。因我所经历的“文革”，其具体背景，只不过是一座城市一个省份。而且，只不过是以一名普通中学生的见闻、思想和行为来经历的，自身认识的局限是显然的。虽则“大串联”使我能够写入书中的内容丰富了些，却仍只不过是见闻和一己感受而已。

我更想说的是，也许，此书曾给中国的“新时期”文学，亦即粉碎“四人帮”以后的文学，带了一个很坏的头。它是当年第一部写“文革”中的红卫兵心路的长篇小说。按我的初衷，自然是作为小说来写的。本身曾是红卫兵，自然以第一人称来写。既以第一人称来写，也索性便将自己的真实姓名写入书中了。刊物的编辑收到稿件后来电话说：这部小说很怪呀，你看专辟一个栏目，将它定为“纪实小说”行不行？我说：行呀。有什么不行呢？那大约是1985年。我被社会承认是作家才三年多。对于小说以外的文学名堂还所知甚少，也是第一次听到“纪实小说”这一提法。

它当年只发表了一半，另一半刊物不敢发表了。似乎正是从此以后，“纪实小说”很流行了一阵子。接二连三，在文学界招惹了不少是是非非，连我自己也曾受此文学谬种的严重伤害。

因为“纪实”而又“小说”的结果是明摆着的——利用小说形式影射攻击的事例，古今中外，举不胜举。此本伤人阴伎，倘再冠以“纪实”，被攻击的人哪有不“体无完肤”的呢？若被文痞们驾轻就熟地惯以用之，喷泄私愤，好人遭殃。

故我对“纪实小说”这一文学种类已无好感。《从复旦到北影》及《京华见闻录》两篇，继《一个红卫兵的自白》之后不久发表。

在复旦我既获得过老师们的关怀爱护，也受到过一些委屈。那些委屈今天看来是微不足道的，与上一代人的人生磨砺相比更是不值言说的。但我当年才二十五六岁，心理承受能力毕竟脆弱。自以为承受能力强大，其实是脆弱的。何况，从童年至少年至青年，虽然成长于贫穷之境，却一向不乏友爱，难免娇气。又一向被视为好儿童好少年好青年，当知青班长代理排长连队教师，人格方面特别地自尊。偏那委屈又是冲着人格方面压迫来的，于是耿耿心头，不吐不快。

故《从复旦到北影》中，有积怨之气，牢骚之词，也有借题发挥、情节演绎的成分。

它证明当年的我，对自己笔下的文字责任感意识不强，要求不高。

倘如今年，心头委屈积怨全释，平和宽厚回望当年人事纷纭，情理梳析，摈弃演绎，娓娓道来，于山雨穴风的政治背景下，翔实客观地反映“工农兵学员”的大学体会和感受，必将是另一面貌，也会有更大的认识价值。

那多好呢!

《京华见闻录》中所录的纪实成分多了，演绎成分少了。就我这样一个具体的中国人的观念而言，就我这样一个当年被视为有“异端思想”的作家而言，却又“正统”多了些，思想拘泥呆板了些。文字的放纵，是弥补不了这一点的。

当年我才三十四五岁。刚入全国作家协会一年多。自以为责人颇宽，克己颇严，其实今天文坛上某些年轻人的轻狂浅薄，刚愎自信，躁行戾气，我身上都是存在过的。

以上两篇，虽能从中看到我的一些真实经历，真实性情，真实心路，真实思想；虽能从中看到一些当年的时代特色，社会状态，人生杂相；虽读起来或挺有意思——但毕竟的，因先天不足，乏大器而呈小器，乏冷静而显浮躁，乏庄重而露轻佻，乏深刻而贩浅薄……

《泯灭》这一部小说，现在看来，前半部较后半部要写得好一点。因为前半部有着自己童年和少年时期的生活为底蕴，可取从容平实、娓娓道来的写法。虽然平实，但情节、细节都是很个人化的，便有独特性，非别人的作品里所司空见惯的。后半部转入了虚构。虚构当然乃是小说家必备的能力，也是起码的能力。但此小说的后半部，实际上是按一个先行的既定的“主题”轨路虚构下去的——对金钱的贪婪使人性扭曲，使人生虽有沉浮荣辱，最终却依然归于毁败。这样的人物，以及由其身上生发出来的这样的主题，当然并没什么不对。

翟子卿式的人物在 20 世纪 80 年代以后的中国现实生活中也并不少，有些典型意义。但此“主题”却太古老陈旧了。近几个世纪以来，尤其西方资本主义时期以来，无数作品都反映过这个“主题”。可以说，80 年代以来的第一桩中国经济案中，也都通过真人真事包含了这个主题。而在现实主义小说中，主题对作品有魂的意义。泛化的主题尽管不失为主题，却必然决定了作品的魂方面的简浅常见。

在我的友情关系和亲情关系中，很有一些和我一样的底层人家的儿子，中年命达，或为官掌权，或从商暴富。但近十年间，却接二连三地纷纷变成为阶下囚，往日的踌躇满志化作南柯一梦。他们所犯之案，或省级大要案，或列入全国大要案。这使我特别痛心，也每叹息不已。由于友情和亲情毕竟存在过，法理立场上就难以做到特别鲜明。这一种沉郁暧昧的心理，需要以一种方式去消解。而写一部小说消解之对我来说是自然而然的方式。直奔一个简浅常见的主题而去，又成了最快捷的方式——我在写作中竟未能从此心理因素的纠缠中明智而自觉地摆脱，全受心理因素的惯力所推，小说便未能在“主题”方面再深掘一层，此一憾也……

喜读引我走上了写的不归人生路。然读之于我，在绝大多数情况之下并不是为了促进写。读只不过是少年时养成的习惯，是美好时光的享受而已。我的读又是那么不系统。索性，也便不求系统了。我从读中确乎受益匪浅。书对我的影响，少年时大于青年时，青年时大于现在。现在我对社会及人生已形成了自己的看法，非是读几本什么书所能匡正或改变的。尽管如此，以后我不写了，仍会是一个习惯了闲读的人。读带给我的一种清醒乃是——明白自己以往写得多么平庸……

读的烙印

真的不知该给正开始写的这一篇文字取怎样的题。

自幼喜读，因某些书中的人或事，记住了那些书名，甚至还会终生记住它们的作者。然而也有这种情况，书名和作者是彻底地忘记了，无论怎么想也想不起来了。但书中人或事，却长久地印在头脑中了。仿佛头脑是简，书中人或事是刻在大脑这种简上的。仿佛即使我死了，肉体完全地腐烂掉了，物质的大脑混入泥土了，依然会有什么异乎寻常的东西存在于泥土中，雨水一冲，便会显现出来似的。又仿佛，即使我的尸体按照现今常规的方式火化掉，在我的颅骨的白森森的骸片上，定有类似几行文字的深深的刻痕清晰可见。告诉别人在我这个死者的大脑中，确乎的曾至死还保留过某种难以被岁月铲平的、与记忆有关的密码……

其实呢，那些自书中复拷入大脑的人和事，并不多么惊心动魄，也根本没有什么曲折的因而特别引人入胜的情节。它们简单得像小学课文一样，普通得像自来水。并且，都是我少年时的记忆。

这记忆啊，它怎么一直纠缠不休呢？怎么像初恋似的难忘呢？我曾企图思考出一种能自己对自己说得通的解释。然而我的思考从未有过使自己满意的结果。正如初恋之始终是理性分析不清的。所以呢，我想，还是让我用我的文字将它们写出来吧！我更愿我火化后的颅骨的骸片像白陶皿的碎片一样，而不愿它有使人觉得奇怪的痕迹……

一

在乡村的医院里，有一位父亲要死了。但他顽强地坚持着不死，其坚持好比夕阳之不甘坠落。在自然界它体现在一小时内，相对于那位父亲，它将延长至十余小时。

生命在那一种情况下执拗又脆弱。护士明白这一点。医生更明白这一点。那位父亲死不瞑目的原因不是由于身后的财产。他是果农，除了自家屋后院子里刚刚结了青果的几十棵果树，他再无任何财产。除了他的儿子，他在这个世界上也再无任何亲人。他坚持着不死是希望临死前再见一眼他的儿子。他也没什么重要之事叮嘱他的儿子。他只不过就是希望临死前再见一眼他的儿子，再握一握儿子的手……

事实上他当时已不能说出话来。他一会儿清醒，一会儿昏迷。两阵昏迷之间的清醒时刻越来越短……但他的儿子远在俄亥俄州。

医院已经替他发出了电报——打长途电话未寻找到那儿子，电报就一定会及时送达那儿子的手中吗？即使及时送达了，估计他也只能买到第二天的机票了。下了飞机后，他要再乘四个多小时的长途汽车才能来到他父亲身旁……

而他的父亲真的竟能坚持那么久吗？濒死的生命坚持不死的现象，令人肃然也令人怜悯。而且，那么的令人无奈……

夕阳是终于放弃它的坚持了，坠落不见了。

令人联想到晏殊的诗句——“无限年光有限身”，“夕阳西下几时回”。但是那位父亲仍在顽强地与死亡对峙着。那一种对峙注定了绝无获胜的机会，因而没有本能以外的任何意义……

黄昏的余晖映入病房，像橘色的纱，罩在病床上，罩在那位父亲的身上、脸上……病房里寂静悄悄的。最适合人咽最后一口气的那一种寂静……

那位父亲只剩下几口气了。他喉间呼呼作喘，胸脯高起深伏，极其舍不得地运用他的每一口气。每一口气对他都是无比宝贵的。呼吸已仅仅是呼出着生命之气。那是看了令人非常难过的“节省”。分明的，他已处在弥留之际。他闭着眼睛，徒劳地做最后的坚持。他看去昏迷着，实则特别清醒，那清醒是生命在大脑领域的回光返照。门轻轻地开了。有人走入了病房。脚步声一直走到了他的病床边。那是他在绝望中一直不肯稍微放松的企盼。除了儿子，还会是谁呢？这时脆弱的生命做出了奇迹般的反应——

他突然伸出一只手向床边抓去。而且，那么的巧，他抓住了中年男医生的手……

“儿子！……”他竟说出了话，那是他留在人世的最后一句话。一滴老泪从他眼角挤了出来……

他已无力睁开双眼最后看他的“儿子”一眼了……

他的手将医生的手抓得那么紧，那么紧……

年轻的女护士是和医生一道进入病房的。濒死者始料不及的反应使她呆愣住。而她自己紧接着作出的反应是——跨前一步，打算拨开濒死者的手，使医生的手获得“解放”。但医生以目光及时制止了她。

医生缓缓俯下身，在那位父亲的额上吻了一下。接着又将嘴凑向那位父亲的耳，低声说：“亲爱的父亲，是的，是我，您的儿子。”医生直起腰，又以目光示意护士替他搬过去一把椅子。在年轻女护士的注视之下，医生坐在椅子上了。那样，濒死者的手和医生的手，就可以放在床边了。并且医生将自己的另一只手，轻轻捂在当他是“儿子”的那位父亲的手上。他示意护士离去。三十几年后，当护士回忆这件事时，她写的一段话是：“我觉得我不是走出病房的，而是像空气一样飘出去的，唯恐哪怕是最轻微的脚步声，也会使那位临死的老人突然睁开双眼。我觉得仿佛是上帝将我的身体托离了地面……”

至今这段话仍印在我的颅骨内面，像释迦牟尼入禅的身影印在山洞的石壁上。夜晚从病房里收回了黄昏橘色的余晖。年轻的女护士从病房外望见医生的坐姿那么的端正，一动不动。她知道，那一天是医生结婚十周年纪念日，他亲爱的妻子正等待着他回家共同庆贺一番。

黎明了——医生还坐在病床边……

旭日的阳光普照入病房了——医生仍坐在病床边……

因为他觉得握住他手的那只手，并没变冷变硬……

到了下午，那只手才变冷变硬。而医生几乎坐了二十个小时……他的手臂早已麻木了，他的双腿早已僵了，他已不能从椅子上站起来了，是被别人搀扶起来的……

院长感动地说："我认为你是很虔诚的基督徒。"而医生平淡地回答："我不是基督徒，不是上帝要求我的。是我自己要求我的。"

三十几年以后，当年年轻的护士变成了一位老护士，在她退休那一天，人们用"天使般的心"赞美她那颗充满着爱的护士的心时，她讲了以上一件使她终生难忘的事……

最后她也以平淡的语调说："我也不是基督徒。有时我们自己的心要求我们做的，比上帝用他的信条要求我们做的更情愿。仁爱是人间的事，而我们有幸是人。所以我们比上帝更需要仁爱，也应比上帝更肯给予。"

没有掌声。

因为人们都在思考她讲的事，和她说的话，忘了鼓掌……

在我们人间，使我们忘了鼓掌的事已少了；而我们大鼓其掌时真的都是那么由衷的吗？

二

此事发生在国外一座大城市的一家小首饰店里。冬季的傍晚，店外雪花飘舞。三名售货员都是女性。确切地说，是三位年轻的姑娘。其中最年轻的一位才十八九岁。已经到可以下班的时间了，另外两位姑娘与最年轻的姑娘打过招呼后，一起离开了小店。现在，小首饰店里，只有最年轻的那位姑娘一人了。

正是西方诸国经济连锁大萧条的灰色时代，失业的人比以往任何一年都多，到处可见忧郁的沮丧的面孔。银行门可罗雀。超市冷清。领取救济金的人们却从夜里就开始排队了。不管哪里，只要一贴出招聘广告，即使仅招聘一人，也会形成聚众不散的局面。

姑娘是在几天前获得这一份工作的。她感到无比的幸运。甚至可以说感到幸福，虽然工资是那么的低微。她轻轻哼着歌，不时望一眼墙上的钟。再过半小时，店主就会来的。她向店主汇报了一天的营业情况，也可以下班了。

姑娘很勤快，不想无所事事地等着。于是她扫地，擦柜台。这不见得会受到店主的夸奖。她也不指望受到夸奖。她勤快是由于她心情好。心情好是由于感到幸运和幸福。

忽然，门吱呀一声开了，迈进来一个中年男人。他一肩雪花。头上没戴帽子。雪花在他头上形成了一顶白帽子。姑娘立刻热情地说："先生您好！"男人点了一下头。姑娘犹豫刹那，掏出手绢，替他抚去头上的、肩上的雪花。接着她走到柜台后边，准备为这一位顾客服务。其实她可以对他说："先生，已过下班时间了，请明天来吧。"但她没这么说。经济萧条的时代，光临首饰店的人太少了。生意惨淡。她希望能替老板多卖出一件首饰。虽然才上了几天班，她却养成了一种职业习惯，那就是判断一个人的身份，估计顾客可能对什么价格的首饰感兴趣。

她发现男人竖起着的大衣领的领边磨损得已暴露出呢纹了。而且，她看出那件大衣是一件过时货。当然，她也看出那男人的脸刚刮过，两颊泛青。他的表情多么的阴沉啊！他企图靠斯文的举止掩饰他糟糕的心境，然而他分明不是现实生活中的好演员。姑娘判断他是一个钱夹里没有多少钱的人。于是她引他凑向陈列着廉价首饰的柜台，向他一一介绍价格，可配怎样的衣着。而他似乎对那些首饰不屑一顾。他转向了陈列着价格较贵的首饰的柜台，要求姑娘不停地拿给他看。有一会儿他同时比较着两件首饰，仿佛就会做出最后的选择。他几乎将那一柜台里的首饰全看遍了，却说一件都不买了。姑娘自然是很失望的。

男人斯文而又抱歉地说："小姐，麻烦了您这么半天，实在对不起。"

姑娘微笑着说:“先生，没什么。有机会为您服务我是很高兴的。”

当那男人转身向外走时，姑娘漫不经心地瞥了一眼柜台。漫不经心的一瞥使她顿时大惊失色——价格最贵的一枚戒指不见了！那是一家小首饰店，当然也不可能有贵到价值几千几万的戒指。然而姑娘还是呆住了，仿佛被冻僵了一样。那一时刻她脸色苍白，心跳似乎停止了，血液也似乎不流通了……而男人已经推开了店门，一只脚已迈到了门外……

“先生！……”姑娘听出了她自己的声音有多么颤抖。

男人的另一只脚，就没向门外迈。男人也仿佛被冻僵在那儿了。

姑娘又说:“先生，我能请求您先别离开吗？”

男人已迈出店门的脚竟收回来了……

他缓缓地，缓缓地转过了身……

他低声说:“小姐，我还有很急迫的事等着我去办。”分明的，他随时准备扬长而去……

姑娘绕出柜台，走到门口，有意无意地将他挡在了门口……

男人的目光冷森起来……

姑娘说:“先生，我只请求您听我几句话……”

男人点了点头。

姑娘说:“先生，您也许会知道我找到这一份工作有多么的不容易！我的父亲失业了。我的哥哥也失业了。因为家里没钱养两个大男人，我的母亲带着我生病的弟弟回乡下去了。我的工资虽然低微，但我的父亲、我的哥哥和我自己，正是靠了我的工资才每天能吃上几小块面包。如果我失去了这份工作，那么我们完了。除非我做妓女……”

姑娘说的每一句话都是实话。姑娘说不下去了。流泪了。无声地哭了……

男人低声说：“小姐，我不明白您的话。”

姑娘又说：“先生，刚才给您看过的一枚戒指现在不见了。如果找不到它，我不但将失去工作，还肯定会被传到法院去的。而如果我不能向法官解释明白，我不是要坐牢的吗？先生，我现在绝望极了，害怕极了。我请求您帮着我找！我相信在您的帮助之下，我才会找到它……”

姑娘说的每一句话都是由衷的话。

男人的目光不再冷森。他犹豫片刻，又点了点头。于是他从门口退开，帮着姑娘找。两个人分头这儿找那儿找，没找到。

男人说：“小姐，我真的不能再帮您找了。我必须离开了。小姐您瞧，柜台前的这道地板缝多宽呀！我敢断定那枚戒指一定是掉在地板缝里了。您独自再找找吧！听我的话，千万不要失去信心！……”男人一说完就冲出门外去了……

姑娘愣了一会儿，走到地板缝前俯身细瞧——戒指卡在地板缝间……而男人走前蹲在那儿系过鞋带……

第二天，人们相互传告——夜里有一名中年男子抢银行未遂……

几天后，当罪犯被押往监狱时，他的目光在道边围观的人群中望见了那姑娘……

她走上前对他说："先生，我要告诉您我找到那枚戒指了，因而我是多么地感激您啊！……"并且，她送给了罪犯一个小面包圈儿。

她又说："我只能送得起这么小的一个小面包圈儿。"

罪犯流泪了。

当囚车继续向前行驶。姑娘追随着囚车，真诚地说："先生，听我的话，千万不要失去信心！……"那是他对姑娘说过的话。

他——罪犯，点了点头……

三

这是秋季的一个雨夜。雨时大时小，从天黑下来后一直未停，想必整夜不会停的了。

在城市某一个区的消防队值班室里，一名年老的消防队员和一名年轻的消防队员正下棋。棋盘旁边是电话机，是二人各自的咖啡杯。

他们的值班任务是——有火灾报警电话打来，立即拉响报警器。

年老的消防队员再过些日子就要退休了；年轻的消防队员才参加工作没多久。他们第一次共同值班。老消防队员举起一枚棋子犹豫不决之际，电话铃骤响……

年轻的消防队员反应迅速地一把抓起了电话……

“救救我……我的头磕在壁炉角上了，流着很多血……我快死了，救救我……”话筒那端传来一位老女人微弱的声音。那是一台扩音电话。

年轻的消防队员愣了愣，爱莫能助地回答：“可是夫人，您不该拨这个电话号码。这里是消防队值班室……”

话筒那一端却再也没有任何声音传来。年轻的消防队员一脸不安，缓缓地，缓缓地放下了电话。他们的目光刚一重新落在棋盘上，便不约而同地又望向电话机了。接着他们的目光注视在一起了……

老消防队员说：“如果我没听错，她告诉我们她流着很多血……”

年轻的消防队员点了一下头：“是的。”

“她还告诉我们，她快死了。”

“是的。”

“她在向我们求救。”

“是的。”

“可我们……在下棋……”

“不……我怎么还会有心思下棋呢？”

“我们总该做点儿什么应该做的事对不对？”

“对……可我，真的不知道该做什么……”

老消防队员嘟哝：“总该做点儿什么的……”

他们就都不说话了。都在想究竟该做点儿什么。

他们首先给急救中心挂了电话，但因为不清楚确切的住址，急救中心的回答是非常令他们遗憾的……他们也给警方挂了电话，同样的原因，警方的回答也非常令他们失望……该做的事已经做了，连老消防队员也不知道该继续做什么了……他说：“我们为救一个人的命已经做了两件事，但并不意味着我们救了一个向我们求救过的人。”

年轻的消防队员说：“我也这么想。”

“她肯定还在流血不止。”

“肯定的。”

“如果没有人实际上去救她，她真的会死的。”

“真的会死的……”年轻的消防队员说完，忽然拍了一下自己的前额：“嘿，我们干吗不查问一下电话局？那样，我们至少可以知道她住在哪一条街区！……”

老消防队员赶紧抓起了电话……

一分钟后，他们知道求救者住在哪一条街了……

两分钟后，他们从地图上找到了那一条街。它在另一市区。他们又将弄清的情况通告急救中心或警方……

但是一方暂无急救车可以前往，一方的线路占线，连拨不通……

老消防队员灵机一动，向另一市区的消防队值班室拨去了电话，希望派出消防车救一位老女人的命……

他遭到了拒绝。

拒绝的理由简单又正当：派消防车救人？荒唐之事！在没有火灾也未经特批的情况下出动消防车，既严重违犯消防队的纪律条例，也严重违犯城市管理法啊！

他们一筹莫展了……老消防队员发呆地望了一会儿挂在墙上的地图，主意已定地说："那么，为了救一个人的命，就让我来违犯纪律和违法吧！……"

他起身拉响了报警器。年轻的消防队员说："不能让你在退休前受什么处罚。报警器是我拉响的，一切后果由我来承担。"老消防队员说："你还是一名见习队员，怎么能牵连你呢？报警器明明是我拉响的嘛！"而院子里已经嘈杂起来，一些留宿待命的消防队员匆匆地穿着消防服……

当老消防队员说明拉报警器的原因后，院子里一片肃静。老消防队员说："认为我们不是在胡闹的人，就请跟我们去吧！……"

他说完走向一辆消防车，年轻的消防队员紧随其后。没有谁返身回到宿舍去。也没有谁说什么问什么。都分头踏上了两辆消防车……

雨又下大了。马路上的车辆皆缓慢行驶……

两辆消防车一路鸣笛，争分夺秒地从本市区开往另一市区……

它们很快就驶在那一条街道上了。那是一条很长的街道。正是周末，人们睡得晚。几乎家家户户的窗子都明亮着。求救者究竟倒在哪一幢楼的哪一间屋子里呢？断定本街上并没有火灾发生的市民，因消防车的到来滋扰了这里的宁静而愤怒。有人推开窗子大骂消防队员们……

年轻的消防队员站立在消防车的踏板上，手持话筒做着必要的解释。

许多大人和孩子从自家的窗子后面，观望到了大雨浇着他和别的消防队员们的情形……

“市民们，请你们配合我们，关上你们各家所有房间的电灯！……”年轻的消防队员反复要求着……

一扇明亮的窗子黑了……

又一扇明亮的窗子黑了……

再也无人大骂了……

在这一座城市，在这一条街道，在这一个夜晚，在瓢泼大雨中，两辆消防车如夜海上的巡逻舰，缓缓地一左一右地并驶着……

迎头的各种车辆纷纷倒退……

除了司机，每一名消防队员都站立在消防车两旁的踏板上，目光密切地关注着街道两侧的楼房，包括那位老消防队员……

雨，是下得更大了……

街道两旁的楼房的窗全都黑暗了，只有两行路灯亮着了……

那一条街道那一时刻那么的寂静……

“看！……”一名消防队员激动地大叫起来……

他们终于发现了唯一一户人家亮着的窗……

一位七十余岁的老妇人被消防车送往了医院……

医生说，再晚十分钟，她的生命就会因失血过多不保了。两名消防队员自然没受处罚。市长亲自向他们颁发了荣誉证书，称赞他们是本市“最可爱的市民”，其他消防队员也受到了市长的表扬。那位老妇人后来成为该市年龄最大也最积极的慈善活动志愿者……

大约是在初一时，我从隔壁邻居卢叔收的废报刊堆里翻到了一册港版的《读者文摘》，其中的这一则纪实文章令我的心一阵阵感动。但是当年我不敢向任何人说出我所受的感动——因为事情发生在美国。

当年我少年的心又感动又困惑——因为美国大兵正在越南用

现代武器杀人放火。人性如泉，流在干净的地方带走不干净的东西；流在不干净的地方它自身也污浊。

四

以下一则“故事”是以第一人称叙述的，那么让我也尊重“原版”，以第一人称叙述……

“我”是一位已毕业两年了的文科女大学生。“我”两年内几十次应聘，仅几次被试用过。更多次应聘谈话未结束就遭到了干脆的或客气的拒绝。即使那几次被试用，也很快被以各种理由打发走了……

这使“我”产生了巨大的人生挫败感。刚刚踏入社会啊！“我”甚至产生过自杀的念头。“我”找不到工作的主要原因不是有什么品行劣迹，也不是能力天生很差——大学毕业前夕“我”被车刮倒过一次，留下了难以治愈的后遗症——心情一紧张，两耳便失聪。

“我”是一个诚实的人。每次应聘，“我”都声明这一点。而结果往往是——招聘主管者们欣赏“我”的诚实，但却不肯降格以用。“我”虽然对此充分理解，可无法减轻人生忧愁。“我”仍不改初衷，每次应聘，还是一如既往地声明在先，也就一如既往地一次次希望落空……

在“我”沮丧至极的日子里，很令“我”喜出望外的，“我”被一家报馆试用了！

那是因为“我”的诚实起了作用。也因为“我”诚实不改且不悔的经历引起了同情和尊敬。

与“我”面谈的是一位部门主任。他对“我”说：“你是受过高等教育的，社会应该留给你这么诚实的人适合你的一种工作，否则，就谁也没有资格要求你热爱社会了。”部门主任的话也令“我”大为感动。

“我”的具体工作是资料管理。这一份工作获得不易，“我”异常珍惜，而且，也渐渐喜欢这一份工作了。“我”的心情从没有过的好，每天笑口常开。当然，双耳失聪的后遗症现象一次也没发生过……

同事们不但接受了“我”这一名资料管理员，甚至开始称赞“我”良好的工作表现了。试用期一天天地过去，不久，“我”将被正式签约录用了。这是“我”梦寐以求的呀！“我”不再觉得自己是一个不幸的人，反而觉得自己是一个十分幸运的人了。

某一天，那一天是试用期满的前三天——报馆同事上下忙碌，为争取对一新闻事件的最先报道，人人放弃了午休。到资料馆查询相关资料的人接二连三……

受紧张气氛影响，“我”最担心之事发生了，“我”双耳失聪了！这使我陷于不知所措之境，也使同事们陷于不知所措之境。笔谈代替了话语。时间对于新闻意味着什么不言自明，何况有多家媒体在与该报抢发同一条新闻！……

结果该报在新闻战中败北了。对于该报，几乎意味着是一支足球队在一次稳操胜券的比赛中惨遭淘汰……客观地说，如此结果，并非完全是由"我"一人造成的。但"我"确实难逃干系啊！"我"觉得多么地对不起报社对不起同事们呀！

"我"内疚极了。

同时，多么地害怕三天后被冷淡地打发走呢！"我"向所有当天到过资料室的人表示真诚的歉意；"我"向部门主任当面承认"错误"，尽管"我"不是因为工作态度而失职……

一切人似乎都谅解了"我"。在"我"看来，似乎而已。"我"敏感异常地觉得，人们谅解自己是假的，是装模作样的。总之是表面的。仅仅为了证明自己的宽宏大量罢了……

"我"猜想，其实报社上上下下，都巴不得自己三天后没脸再来上班……但，那"我"不是又失业了吗？"我"还能幸运地再找到一份工作吗？第二次幸运的机会究竟在哪儿呀？"我"已根本不相信它的存在了……

奇怪的是——三天后并没谁找"我"谈话，通知"我"被解聘了；当然也没谁来让"我"签订正式录用的合同。"我"太珍惜获得不易的工作了！"我"决定放弃自尊，没人通知就照常上班。

一切人见了“我”，依旧和“我”友好地点头，或打招呼。但“我”觉得人们的友好已经变质了，微笑着的点头已是虚伪的了。

分明的，人们对“我”的态度，与以前是那么的不一样了，变得极不自然了，仿佛竭力要将自己的虚伪成功地掩饰起来似的……以前，每到周末，人们都会热情地邀请“我”参加报社一向的“派对”娱乐活动。现在，两个周末过去了，“我”都没受到邀请——如果这还不是歧视，那什么才算歧视呢？

“我”由内疚由难过而生气了——倒莫如干脆打发“我”走！为什么要以如此虚伪的方式逼“我”自己离开呢？这不是既想达到目的又企图得到善待试用者的美名吗？

“我”对当时决定试用自己的那一位部门主任，以及自己曾特别尊敬的报社同事们暗生嫌恶了。

都言虚伪是当代人之人性的通病，“我”算是深有体会了！

第三个周末，下班后，人们又都匆匆地结伴走了。

“派对”娱乐活动室就在顶层，人们当然是去尽情娱乐了呀！

只有“我”独自一人留在资料室发呆，继而落泪。

回家吗？

明天还照常来上班吗？

或者明天自己主动要求结清工资，然后将报社上上下下骂一通，扬长而去？“我”做出了最后的决定。一经决定，“我”又想，干吗还要等到明天呢？干吗不今天晚上就到顶层去，突然出现，趁人们皆愣之际，大骂人们的虚伪。趁人们被骂得呆若木鸡，转身便走有何不可？难道虚伪是不该被骂的吗？！不就是三个星期的工资吗？为了自己替自己出一口气，不要就是了呀！于是“我”抹去泪，霍然站起，直奔电梯……

“我”一脚将娱乐活动室的门踢开了——人们对“我”的出现备感意外，确实地，都呆若木鸡；而“我”对眼前的情形也同样地备感意外，也同样地一时呆若木鸡……

“我”看到一位哑语教师，在教全报社的人哑语，包括主编和社长也在内……

部门主任走上前以温和的语调说：“大家都明白你目前这一份工作对你是多么的重要。每个人都愿帮你保住你的工作。三个周末以来都是这样。我曾经对你说过——社会应该留给你这么诚实的人，一份适合你的工作。我的话当时也是代表报社代表大家的。对你，我们大家都没有改变态度……”

“我”环视同事们，大家都对“我”友善地微笑着……还是那些熟悉了的面孔，还是那些见惯了的微笑……却不再使“我”产生虚伪之感了。还是那种关怀的目光，从老的和年轻的眼中望着“我”，似乎竟都包含着歉意，似乎每个人都在以目光默默地对“我”说：“原谅我们以前未想到用这样的方式帮助你……”

曾使我感到幸运和幸福的一切内容，原来都没有变质。非但都没有变质，而且美好地温馨地连成一片令“我”感动不已的，看不见却真真实实地存在着的事实了……

“我”的泪水顿时夺眶而出。

“我”站在门口，低着头，双手捂脸，孩子似的哭着哭着……

眼泪因被关怀而流……

也因对同事们的误解而流……

那一时刻“我”又感动又羞愧，于是人们渐渐聚向“我”的身旁……

五

还是冬季，还是雪花漫舞的傍晚，还是在人口不多的小城，事情还是与一家小小的首饰店有关……

它是比前边讲到的那家首饰店更小了。前边讲的那家首饰店，在经济大萧条的时代，起码还雇得起三位姑娘。这一家小首饰店的主人，却是谁都雇不起的……

他是三十二三岁的青年，未婚青年。他的家只剩他一个人了，父母早已过世了，姐姐远嫁到外地去了。小首饰店是父母传给他继承的。它算不上是一宗值得守护的财富，但是对他很重要，他靠它维生。

大萧条继续着。他的小首饰店是越来越冷清了，他的经营是越来越惨淡了。那是圣诞节的傍晚。他寂寞地坐在柜台后看书，巴望有人光临他的小首饰店。已经五六天没人迈入他的小首饰店了。他既巴望着，也不多么地期待。在圣诞节的傍晚他坐在他的小首饰店里，纯粹是由于习惯。反正回到家里也是他一个人，也是一样的孤独和寂寞。几年以来的圣诞节或别的什么节日，他都是在他的小首饰店里度过的……万一有人……他只不过心存着一点点侥幸罢了。如果不是经济大萧条的时代，节日里尤其是圣诞节，光临他的小首饰店的人还是不少的。因为他店里的首饰大部分是特别廉价的，是适合底层的人们一向选择了作为礼物的。

经济大萧条的时代是注定要剥夺人们某种资格的。首先剥夺的是底层人在节日里相互赠礼的资格。对于底层人，这一资格在经济大萧条的时代成了奢侈之事……

青年的目光，不时离开书页望向窗外，并长长地忧郁地叹上一口气……

居然有人光临他的小首饰店了！光临者是一位少女，看上去只有十一二岁。一条旧的灰色的长围巾，严严实实地围住了她的头，只露出正面的小脸儿。少女的脸儿冻得通红。手也是。只有老太婆才围她那种灰色的围巾。肯定的，在她临出家门时，疼爱她的母亲或祖母将自己的围巾给她围上了——青年这么想。

他放下书，起身说：“小姐，圣诞快乐！希望我能使你满意，您也能使我满意。”青年是高个子。

少女仰起脸望着他，庄重地回答："先生，也祝您圣诞快乐！我想，我们一定都会满意的。"她穿一件打了多处补丁的旧大衣。她回答时，一只手朝她一边的大衣兜拍了一下。仿佛她是阔佬，那只大衣兜里揣着满满一袋金币似的。青年的目光隔着柜台端详她，看见她穿一双靴鞡很高的毡靴。毡靴也是旧的，显然比她的脚要大得多。而大衣原先分明很长，是大姑娘们穿的无疑。谁替她将大衣的下摆剪去了，并且按照她的身材改缝过了吗？也是她的母亲或祖母吗？

他得出了结论——少女来自一个贫寒家庭。

她使他联想到了《卖火柴的小女孩》。而他刚才捧读的，正是一本安徒生的童话集。

青年忽然觉得自己对这少女特别地怜爱起来，觉得她脸上的表情那会儿纯洁得近乎圣洁。他决定，如果她想买的只不过是一只耳环，那么他将送给她，或仅象征性地收几枚小币……

少女为了看得仔细，上身伏于柜台，脸几乎贴着玻璃了——她近视。

青年猜到了这一点，一边用抹布擦柜台的玻璃，一边温情地瞧着少女。其实柜台的玻璃很干净，可以说一尘不染。他还要擦，是因为觉得自己总该为小女孩做些什么才对。

"先生，请把这串项链取出来。"少女终于抬起头指着说。

"怎么……"他不禁犹豫。

“我要买下它。”少女的语气那么自信，仿佛她大衣兜里的钱，足以买下他店里的任何一件首饰。

“可是……”青年一时不知自己想说的话究竟该如何说才好。

“可是这串项链很贵？”少女的目光盯在他脸上。

他点了点头。

那串项链是他小首饰店里最贵的。它是他的压店之宝。另外所有首饰的价格加起来，也抵不上那一串项链的价格。当然，富人们对它肯定是不屑一顾的，而穷人们却只有欣赏而已，所以它陈列在柜台里多年也没卖出去。有它，青年才觉得自己毕竟是一家小首饰店的店主。他经常这么想——倘若哪一天他要结婚了，它还没卖出去，那么他就不卖它了。他要在婚礼上亲手将它戴在自己新娘的颈上……

现在，他对自己说，他必须认真地对待面前的女孩了。

她感兴趣的可是他的压店之宝呀！不料少女说：“我买得起它。”少女说罢，从大衣兜里费劲地掏出一只小布袋儿。小布袋儿看上去沉甸甸的，仿佛装的真是一袋金币。

少女解开小布袋儿，往柜台上兜底儿一倒，于是柜台上出现了一堆硬币。但不是金灿灿的金币，而是一堆收入低微的工人们在小酒馆里喝酒时，表示大方当小费的小币……

有几枚小币从柜台上滚落到了地上，少女弯腰——捡起它们。由于她穿着高靿的毡靴，弯下腰很不容易。姿势像表演杂技似的。

还有几枚小币滚到了柜台底下，她干脆趴在地上，将手臂伸到柜台底下去捡……

她重新站在他面前时，脸涨得通红。她将捡起的那几枚小币也放在柜台上，一双大眼睛默默地庄严地望着青年，仿佛在问："我用这么多钱还买不下你的项链吗？"

青年的脸也涨得通红，他不由得躲闪她的目光。他想说的话更不知该如何说才好了。全部小币，不足以买下那串项链的一颗，不，半颗珠子。

他沉吟了半天才吞吞吐吐地说："小姐，其实这串项链并不怎么好。我……我愿向您推荐一只别致的耳环……"

少女摇头道："不。我不要买什么耳环，我要买这串项链……"

"小姐，您的年龄，其实还没到非戴项链不可的年龄……"

"先生，这我明白。我是要买了它当作圣诞礼物送给我的姐姐，给她一个惊喜……"

"可是小姐，一般是姐姐送妹妹圣诞礼物的……"

"可是先生，您不知道我有多爱我的姐姐啊！我可爱她了！我无论送给她多么贵重的礼物，都不能表达我对她的爱……"

于是少女娓娓地讲述起她的姐姐来……

她很小的时候，父母就去世了，是她的姐姐将她抚养大的。她从三四岁起就体弱多病，没有姐姐像慈母照顾自己心爱的孩子一样照顾她，她也许早就死了。姐姐为了她一直未嫁。姐姐为了抚养她，什么受人歧视的下等工作都做过了，就差没当侍酒女郎了。但为了给她治病，已卖过两次血了……

青年的表情渐渐肃穆。女孩儿的话使他想起了他的姐姐。然而他的姐姐对他却一点儿都不好。出嫁后还回来与他争夺这小首饰店的继承权。那一年他才十九岁呀！他的姐姐伤透了他的心……

“先生，您明白我的想法了吗？”女孩儿噙着泪问。

他低声回答：“小姐，我完全理解。”

“那么，请数一下我的钱吧。我相信您会把多余的钱如数退给我的……”

青年望着那堆小币愣了良久，竟默默地、郑重其事地开始数……

“小姐，这是您多余的钱，请收好。”他居然还退给了少女几枚小币，连自己也不知道自己在干什么。他又默默地、郑重其事地将项链放入它的盒子里，认认真真地包装好。“小姐，现在，它归你了。”

“先生，谢谢。”

“尊敬的小姐，外面路滑，请走好。”他绕出柜台，替她开门，仿佛她是慷慨的贵妇，已使他大赚了一笔似的。望着少女的背影在夜幕中走出很远，他才关上他的店门。失去了压店之宝，他顿觉他的小店变得空空荡荡不存一物似的。他散漫的目光落在书上，不禁地在心里这么说："安徒生先生啊，都是由于你的童话我才变得如此的傻。可我已经是大人了呀！……"

那一时刻，圣诞之夜的第一遍钟声响了……

第二天，小首饰店关门。青年到外地打工去了，带着他爱读的《安徒生童话集》……

三年后，他又回到了小城。圣诞夜，他又坐在他的小首饰店里，静静地读另一本安徒生的童话集……

教堂敲响了入夜的第一遍钟声时，店门开了——进来的是三年前那一位少女，和她的姐姐——一位容貌端秀的二十四五岁的女郎……

女郎说："先生，三年来我和妹妹经常盼着您回到这座小城，像盼我们的亲人一样。现在，我们终于可以将项链还给您了……"长大了三岁的少女说："先生，那我也还是要感谢您。因为您的项链使我的姐姐更加明白，她对我是像母亲一样重要的……"

青年顿时热泪盈眶。

他和那女郎如果不相爱，不是就很奇怪了吗?

……

以上五则，皆真人真事，起码在我的记忆中是的。从少年至青年至中年时代，它们曾像维生素保健人的身体一样营养过我的心。第四则的阅读时间稍近些，大约在20世纪70年代末。那时我快三十岁了。“文革”结束才两三年，中国的伤痕一部分一部分地裸露给世人看了。它在最痛苦也在最普遍最令我们中国人羞耻的方面，乃是以许许多多同胞的命运的伤痕来体现的，也是我以少年的和青年的眼在“文革”中司空见惯的。“文革”即使没能彻底摧毁我对人性善的坚定不移的信仰，也使我在极大程度上开始怀疑人性善之合乎人作为人的法则。事实上经历了“文革”的我，竟有些感觉人性善之脆弱，之暧昧，之不怎么可靠了。我已经就快变成一个冷眼看世界的青年了，并且不得不准备硬了心肠体会我所生逢的时代了。

幸而“文革”结束了。

否则我不敢自信我生为人恪守的某些原则，无论在任何情况下都不会放弃；不敢自信我绝不会向那一时代妥协；甚至不敢自信我绝不会与那一时代沆瀣一气，同流合污……

具体对我而言，我常想，“文革”之结束，未必不也是对我之人性质量的及时拯救，在它随时有可能变质的阶段……所以，当我读到人性内容的记录那么朴素，那么温馨的文字时，我之感动尤深。我想，一个人可以从某一天开始一种新的人生，世间也是可以从某一年开始新的整合吧？于是我又重新祭起了对人性善的坚定不移的信仰；于是我又以特别理想主义的心去感受时代，以特别理想的眼去看社会了……

这一种状态一直延续了十余年。十余年内，我的写作基本上是理想主义色彩鲜明的。偶有愤世嫉俗性的文字发表，那也往往是由于我认为时代和社会的理想化程度不合我一己的好恶……

然而，步入中年以后，我坦率承认，我对以上几则“故事”的真实性越来越怀疑了。

可它们明明是真实的啊！

它们明明坚定过我对人性善的信仰啊！

它们明明营养过我的心啊！

我知道，不但时代变了，我自己的理念架构也在浑然不觉间发生了重组。我清楚这一点。

我不再是一个理想主义者了。

并且，可能永远也不再会是了。

这使我经常暗自悲哀。

我的人生经验告诉我——人在少年和青年时期若不曾对人世特别的理想主义过，那么以后一辈子都将活得极为现实。

少年和青年时期理想主义过没什么不好，一辈子都活得极为现实的人生体会也不见得多么良好；反过来说也行。那就是——一辈子都活得极为现实的人生不算什么遗憾，少年和青年时期理想主义过也不见得是一件值得欣慰的事……

以上几则“故事”，我将它们追述出来，不过是一种摆脱记忆粘连的方式罢了。

再有什么动机，那就是提供朴素的、温馨的人性和人道内容的体会了。

体会体会反正也不损失我们什么……

人和书的亲情

许多人与书的关系，犹如与至爱亲朋的关系。这么比喻甚至都不够准确——因为他们或她们对书的感情往往深到挚爱深到痴爱的程度。谈起书，这些人爱意绵绵、一往情深，仿佛是在谈人生的第一个恋人，好朋友，或可敬的师长。仿佛书是他们或她们的情人、知己、忘年交……

大约在三十年前，一个上海女孩儿成了云南插队知青。她可算是知青一代中年龄最小的一个了，才十四五岁。她是一个秀丽的上海女孩儿，曾被上海电影制片厂的导演邀去试过镜头。女孩儿的父母作为大学里的教育领导，“文革”中在劫难逃，自然是被首批打入另册的了。女孩儿的家自然也是被抄过的了。在“文革”中，知识分子的家一旦被抄，那么便再也找不到一本书了。

女孩儿特伤心，为那些无辜的书哭过。

然而这女孩儿天生是乐观的，因为她已经读过不少名著了。书中某些优秀的人物，那时就安慰她，开导她，告诉她人逢乱世，襟怀开阔乐观是多么重要。

艰苦的劳动女孩儿只当是体魄锤炼；村荒地远女孩儿只当是人生的考验。女孩儿用歌唱和笑容，以青春的本能向那个时代强调和证明着她的乐观。

但女孩儿也有独自忧郁的时候。对于一个爱看书的女孩儿，哪儿都发现不到一本书的时代，毕竟，该是一个多么可怕的时代啊！

有次女孩儿被指派去开什么会，傍晚在一家小饭馆讨水喝，非常偶然地，她一眼看到了一本书，那一本书在一张竹榻下面，人不爬到竹榻下面去，是拿不到那一本书的。女孩儿的眼睛一旦发现了那一本书，目光就再也不能离开它了。那究竟会是一本什么书呢？不管是什么书，总之是一本书啊！

那是一个人人都将粮票看得十分宝贵的年代。在女孩儿眼里，竹榻下那一本书，简直等于便是十斤，不，简直等于便是一百斤粮票哇！

女孩儿更缺少的是精神的食粮啊！

女孩儿的心激动得怦怦跳。女孩儿的眼睛都发亮了！

女孩儿颤抖着声音问："那……是谁的书？……喏，竹榻下面那一本书……"

大口大口地吃着饭的男人们放下了碗，男人们擎着酒杯的手僵住了，热闹的划拳行令之声停止了……

小饭馆里那时刻一片肃静，每一个人的目光都注视在女孩儿身上——人们似乎已经好几个世纪没听到过“书”这个字了，似乎早已忘了书是什么……“书……竹榻下那一本书……谁的？……”

女孩儿双手伸入衣兜，一手指向竹榻下——她打算用兜里仅有的几角钱买下那一本书，无论那是一本什么书。而兜里那几角钱，是她的饭钱。为了得到那一本书，她宁肯挨饿了……一个男人终于回答她：“别管谁的，你若爬到竹榻上拿到手，就归你了！”

女孩儿喜上眉梢，乐了。

还有什么可犹豫的呢？

于是，十四五岁的，秀丽的，已是云南插队知青的这一个女孩儿，在众目睽睽之下，当即往土地上一趴，就朝竹榻下面那一本书爬去——云南的竹榻才离地面多高哇，女孩儿根本不顾惜一身干干净净的衣服了，全身匍匐着朝那一本书爬去……

当女孩儿手拿着那一本书从竹榻下爬出来，站起来，不仅衣服裤子脏了，连脸儿也弄脏了，头发上满是灰……

但是女孩儿的眼睛是更亮晶晶的了，因为她已经将那一本书拿在自己手里了呀！

“你们男人可要说话算话！现在，这一本书属于我了！……”

小饭馆里又是一阵肃静。

女孩儿疑惑了，双手紧紧将书按在胸前，唯恐被人夺去……

大男人们脸上的表情，那一时刻，也都变得肃然了……

女孩儿突然一扭身，夺门而出，一口气儿跑出了那小镇，确信身后无人追来才站住看那一本书——书很脏了，书页残缺了，被虫和老鼠咬过了——但那也是宝贵的呀！

那一本书是《青年近卫军》。

女孩儿细心地将那一本书的残页贴补了，爱惜地为它包上了雪白的书皮……

如今，当年的女孩儿已经是妈妈了。她的女儿比当年的她自己还大两岁呢！

她叫林酷，是“文革”结束以后中国为数不多的几位哲学博士中的首位女博士。她目前在上海社会科学院法学研究所任研究员，而且是法哲学硕士生导师，指导着五名中国新一代的法哲学硕士生呢……

她后来成为博士，不见得和当年那一本书有什么直接的关系，甚至可以肯定地说，其实并没有什么直接的关系。

但当年那一个十四五岁的小女知青爱书的心情，细想想，不是挺动人的吗？

人之爱书，也是足以爱得很可爱的呀……

论林黛玉的不“醋”

一部《红楼梦》，造就了几代的评“红”家和“红”学家。无论就四大古典名著来谈论它也好，还是就十大古典名著来谈论它也好，它都是担得起那个“大”字的。也无论过去、现在还是将来，它的名著地位都是巩固如磐不可动摇的。而且，在所有中国小说中，它是至今拥有读者最众多的一部。

我一向认为某些文学作品是有性别的。

相对于男性气质显著的《三国演义》和《水浒传》，《红楼梦》乃是一部女性气质缠绵浓厚得溶解不开的小说，如奶酪，如糯米糕，如雨季锁峰绕崖的雾。即使我们读者的阅读心理似水，也是不能将它那一种缠绵浓厚的女性气质稀释的。而且，即使将其置于世界文学之廊进行比较，恐怕也找不出第二部由男人写的，却那么的女性气质显著的长篇小说。日本的《源氏物语》与之相比，只能算是中性的小说。古今中外最优秀的女性作家们写的所谓“女性小说”，也都不及《红楼梦》的气质更女性化。

贾宝玉虽然是男主人公，但除了他生就的男儿身这一点，其心理、性情和思维方式，也都未免太女性化。设若宝玉是今人，做了变性手术，那么无论以男人的眼还是女人的眼来看他，将肯定比女人更女人吧？

“文如其人”这句话，用以衡量古今中外许多作家，是不见得之事。但是想来，体现在曹雪芹身上，当是特别一致的吧？

分明的，雪芹也太女性化了。

女性化的男人较之女人，更女人意味。正如反过来，女人倘一旦为侠，或竟为寇，往往比男人更具侠士风范，或比男寇更多几分匪气。

每十个《红楼梦》的一般读者中，大约总该有七八个是女人，而且是婚前女人吧？

《红楼梦》是一部缠啊绵啊温情脉脉又结局凄凉伤感的爱情百科书。起码对女人们差不多是这样。它被评“红”家和“红”学家们赋予的种种社会学的认识价值，恰在社会的演进过程中越来越小。好比一件家具，首先剥落的是后来刷上的漆，不管那是多么高级的漆。它越古旧，则越难以再按照漆匠们的意愿改变光彩；而越是显露出木料质地的原本纹理，则越发地古色古香。

不过我们不必谈开去了。

尽管它已被那么多人从那么多角度一再地评说过了，但似乎仍是一个不尽的话题。

本文只谈一点，就是林黛玉的不“醋”。

黛玉的“醋”，是早已有了定论的。一部《红楼梦》，几乎章章回回都写到黛玉的“醋”。黛玉的“醋”，又总是因宝哥哥而新旧交替滋生。

但黛玉竟也有过一次不“醋”的时候，或进一步说，那一次本该令她“醋”意发作的事，她反而不“醋”。倏忽又“醋”了起来，照例是为着宝钗。而宝钗委实和那一件本该令她“醋”意发作的事毫无关系……

在第三十六回，写到了这样一件事：

凤姐向王夫人请示，往后怎么分配丫鬟使女们的月份钱，自然地议到了袭人。从贾母到王夫人到薛姨妈到凤姐，都是特别赏识袭人的。凡涉及下人之间的利益，也都明里暗里地偏向着她。王夫人甚至说她“比我的宝玉强十倍”。于是王夫人做主，给袭人涨了“工资”，而且一涨就涨了一倍多，由以前的每月一两银子，增加到每月二两一吊钱。王夫人还强调——“以后凡事有赵姨娘周姨娘的，也有袭人的。”接着凤姐还提议，干脆给袭人“就开了脸，明放在他（宝玉）屋里岂不好？”那么一来，袭人便等于是宝玉的婚前之妾了。大面上自然不能以妾待之，但实际上便是那么回子事了。果而依了凤姐，袭人的地位名分就相当于平儿了，而且是大观园的“上级领导”们内定的。但王夫人毕竟考虑得更为周到，只恐袭人反而不再敢以“老太太房里的大丫鬟”的资格时不时地约束一下宝玉的放纵言行了，主张“如今且浑着，等再过二三年再说”。

紧接着，书中写道——“不想林黛玉因遇着史湘云约他来与袭人道喜。”

意思很明白，史湘云要向袭人道喜，并约黛玉一同前往道喜。而黛玉则欣然前往。

道的什么喜呢——恭贺袭人涨了“工资”了。涨“工资”则意味着地位名分的提高。什么地位什么名分什么待遇啊。

虽然袭人并未就被即日“开了脸”；虽然王夫人主张对袭人的正式“任命”先不明确，“且浑着”为好，但“上级领导”们所议，是没避开着黛玉的。黛玉明明是“在现场”的。没避，大约是因为还不曾实际掌握黛玉与宝玉之间的恋爱情报。但一向想得多想得细的黛玉，当然是应该预测得到，从此袭人与宝玉的关系，是将发生微妙之变化的。

什么样的变化呢？那就是——宝公子在明媒正娶之前，已暂且不便公开地拥有着一个性实习对象了。只要宝公子想那回子事，袭人肯定是不但乐于奉献，而且是她必须那样的义务。一倍多的“工资”不是白涨的。如果说平素有点少心无肠的史湘云并不思考这么多，一向小心眼惯了的林黛玉也根本没多想，似乎令人不解。小心眼不就是凡事往别人并不多想的细处去多想吗？怎么竟也欣然相陪了前往，一块儿去道喜呢？史、黛两个到了宝玉处，“正见宝玉穿了银红纱衫子，随便睡着在床上，宝钗坐在身旁做针线，旁边放着蝇帚子”。

“林黛玉见了这个景儿，连忙把身子一藏，手捂着嘴不敢笑出来……”湘云毕竟厚道，怕黛玉“醋”起来，又取笑宝钗，急找个借口扯她走了。而“黛玉心下明白，冷笑了两声”……

看林黛玉，那会儿又是何等的敏感!

然哉。黛玉的“醋”和敏感，是专对着宝钗的。至于袭人，无论与宝玉关系怎样，她都是不“醋”的。《红楼梦》全书，无一笔哪怕仅仅点到过黛玉对袭人“醋”。宝钗也不曾“醋”袭人。非但不“醋”，还心怀着多种的好感。

于是局面成了这样——与宝哥哥最形影不离、朝夕相处者，非别个，袭人也；呵暖呵寒，侍起侍眠者，亦袭人也；陪聊伴谈，推心置腹，甚而最经常亲使性子娇作嗔者，还是袭人。就连袭人的名字，都是宝公子给起的。“花袭人”——这名字起的，就足以证明她是很受宝玉爱悦的人儿。事实上也正是那样。钗、黛二位姑娘因了宝玉心照不宣地争情夺意之战还没拉开序幕之前，人家宝公子已与花袭人初试了云雨情了。那可是林黛玉进了贾府以后，已与宝哥哥相互吸引着了的事。说明了什么呢?爱不是最自私的一种儿女情吗?怎么这最自私里边，竟容了袭人的一份偏得呢?尤其在最希望和要求百分之百占有的黛玉这一方，不是太显得异乎寻常地大量了吗?

也许，在黛玉的头脑中，思想和王夫人们是一致的——袭人毕竟是服侍宝哥哥的，又一向服侍得好，爱竹及笋，所以不“醋”。

也许，那黛玉情窦初开，对爱的需求，更主要地痴迷于一个“情”字。百分之百的占有愿望，也更集中地体现于一个“情”字。恰在“情”字上，自信袭人绝对不能对自己构成威胁。至于性的方面，反而忽略。故即使袭人对宝玉由侍起侍眠发展到奉体于枕席，也是不甚在意的。虽然，她和宝哥哥两个偷看《西厢记》，也曾羞得脸儿绯红，显然对性事也是心有向往的。

也许……

但无论有多少也许，这么一个“也许”，怕是怎么绕也绕不开的，便是在林黛玉的观念之中，对于男人包括她所知爱的宝哥哥纳妾甚而婚前拥有性实习对象这种事，是与当时的普通女子们一样持认可态度的。并且，她头脑中也许还存在着相当根深蒂固的等级意识。她的认可态度，是由当时贵族们的生活形态所决定的，无须析究。她头脑中的等级意识，虽也无须析究，却很值得一评。而且，是历来的“红”学家、评“红”家们不曾评到的。

分明，在她眼里，袭人左不过就是个丫鬟，是个下人。故袭人对宝玉怎样，宝玉对袭人怎样，左不过是下人与主子、主子与下人的一种关系罢了。即使那一种关系发展到了在肉体方面的不清不白暧暧昧昧，也还是一种主子与下人的关系。无论宝玉娶了她自己，或宝钗，或竟娶了她俩以外的哪一个，袭人迟早注定了都将是宝玉的妾，这一点，大观园上上下下的人心里都是有数的。黛玉也不可能在这一点上竟多么迟钝。但即使做了妾，也还是由下人“提升”了的一个妾啊！

所以，宝钗之容袭人，体现着一种上人对下人的怀柔，一种“统战”，一种团结，一种变不利为有利的思想方法。而黛玉之容袭人，则体现着一种上人对下人的不屑，一种漠视，一种不在一个层面上不值得一“醋”的上人姿态。

故可以想象，设若宝玉果而娶了黛玉，袭人即使为妾，那日子也肯定是不怎么好过的，也肯定是不如平儿的。凤姐对平儿也是“醋”的，但毕竟视平儿为心腹。黛玉对袭人，则也许连凤姐对平儿那样也做不到。她可能干脆连袭人是妾的角色也不考虑，依旧地只将袭人当使唤丫鬟对待。

黛玉确乎是令人同情的。自从她的父亲也死了，她在大观园里的处境，也确乎近似着寄人篱下了。她的清高决定了她在下人中绝不笼络心腹。她幽闭的性情决定了她内心是异常孤独的。只有宝玉是她在大观园里的精神依托。也只有宝玉配是她未来人生的依托。起码以她的标准来衡量是那样。而宝钗，另一个与她处在同一等级坐标线上，但人气却比她旺得多的小女子，会轻而易举理所当然地将她的宝哥哥夺了去。

宝钗是由于其等级的先天优势才令黛玉终日忐忑不安、心理敏感、神经常常处于紧张状态。

袭人是由于其等级的先天不足才绝不能构成对黛玉的人生着落的直接破坏。

宝玉则由于其等级的“标识”才成了钗、黛的必夺之人。在钗，意味着锦上添花；在黛，意味着雪中偎炭。设若宝玉非是大观园中这一个宝玉，而是大观园外那一个甄宝玉，钗、黛还是会如此那般地去爱的。只要那甄宝玉也是贾母的一个孙……

黛玉悲剧的最大原因其实在于——她的视野被局限于大观园；而在大观园里的等级线上，只有一个贾宝玉。在她自己的等级观念中，也只有一个贾宝玉。

归根结底，爱情和世上的其他万物一样，它的真相是分等级的。几乎关系爱情的一切悲剧，归根结底又无不发生于那真相咄咄逼人地呈现了的时候……

唐诗宋词的背面

衣裳有衬，履有其里，镜有其反，今概称之为“背面”。细细想来，世间万物，皆有“背面”，仅宇宙除外。因为谁也不曾到达过宇宙的尽头，便无法绕到它的背面看个究竟。

纵观中国文学史，唐诗宋词，成就灿然。可谓巍巍兮如高山，荡荡兮如江河。

但气象万千瑰如宝藏的唐诗宋词的背面又是什么呢？

以我的眼，多少看出了些男尊女卑。肯定还另外有别的什么不美好的东西，夹在它的华丽外表的褶皱间。而我眼浅，才只看出了些男尊女卑，便单说唐诗宋词的男尊女卑吧！

于是想到了《全唐诗》。

《全唐诗》由于冠以一个“全”字，所以薛涛、鱼玄机、李冶、关盼盼、步非烟、张窈窕、姚月华等一批在唐代诗名播扬、诗才超绝的小女子们，竟得以幸运地录中有名，编中有诗。《全唐诗》乃“御制”的大全之集，薛涛们的诗又是那么的影响广远，资质有目共睹；倘以单篇而论，其精粹、其雅致、其优美，往往不在一切唐代的能骈善赋的才子之下，且每有奇藻异韵令才子们也不由得不心悦诚服五体投地。故，《全唐诗》若少了薛涛们的在编，似乎也就不配冠以一个“全”字了。由此我们倒真的要感激三百多年前的康熙老爷子了。他若不兼容，曾沦为官妓的薛涛，被官府处以死刑的鱼玄机，以及那些或为姬，或为妾，或什么明白身份也没有，只不过像“二奶”似的被官，被才子们，或被才子式的官僚们所包养的才华横溢的唐朝女诗人们的名字，也许将在康熙之后三百多年的历史沧桑中渐渐消失。

有一个不争的事实，那就是——无论在《全唐诗》之前还是在《全唐诗》之后的形形色色的唐诗选本中，薛涛和鱼玄机的名字都是较少见的。尤其在唐代，在那些由亲诗爱诗因诗而名的男性诗人雅士们精编的选本中，薛涛、鱼玄机的名字更是往往被摈除在外。连他们自己编的自家诗的选集，也都讳莫如深地将自己与她们酬和过的诗篇剔除得一干二净，不留痕迹；仿佛那是他们一时的荒唐，一提都耻辱的事情；仿佛在唐代，根本不曾有过诗才绝不低于他们，甚而高于他们的名字叫薛涛、鱼玄机的两位女诗人；仿佛他们与她们相互赠予过的诗篇，纯系子虚乌有。连薛涛和鱼玄机的诗人命运都如此这般，更不要说另外那些是姬、是妾、是妓的女诗人之才名的遭遇了。

在《全唐诗》问世之前，除了极少数如李清照那般出身名门又幸而嫁给了为官的名士为妻的女诗人的名字入选某种正统诗集，其余的她们的诗篇，则大抵是由民间的有公正心的人士一往情深地辑存了的。散失了的比辑存下来的不知要多几倍。我们今人竟有幸也能读到薛涛、鱼玄机们的诗，实在是沾了康熙老爷子的光。而我们所能读到的她们的诗，不过就是收在《全唐诗》中的那些。不然的话，我们今人便连那些恐怕也是读不到的。

看来，身为男子的诗人们、词人们，以及编诗编词的文人雅士们，在从前的历史年代里，轻视她们的态度是更甚于以男尊女卑为纲常之一的皇家文化原则的。缘何？无他，盖因她们只不过是姬、是妾、是妓而已。而从先秦两汉到明清朝代，才华横溢的女诗人女词人，其命运又十之八九几乎只能是姬、是妾、是妓。若不善诗善词，则往往连是姬是妾的资格也轮不大到她们。沦为妓，也只有沦为最低等的。故她们的诗、她们的词的总体风貌，不可能不是忧怨感伤的。她们的才华和天分再高，也不可能不经常呈现出备受压抑的特征。

让我们先来谈谈薛涛——涛本长安良家女子，因随父流落蜀中，沦为妓。唐之妓，分两类。一曰“民妓”，一曰“官妓”。“民妓”即花街柳巷卖身于青楼的那一类。这一类的接客，起码还有巧言推却的自由。涛沦为的却是“官妓”。其低等的，服务于军营。所幸涛属于高等，只应酬于官僚士大夫和因诗而名的才子雅士们之间。对于她的诗才，他们中有人无疑是倾倒的。“扫眉才子知多少，管领春风总不如”，便是他们中谁赞她的由衷之词。而杨慎曾夸她：“元、白（元稹、白居易）流纷纷停笔，不亦宜乎！”但她的卑下身份却决定了，她首先必须为当地之主管官僚所占有。他们宴娱享乐，她定当随传随到，充当“三陪女”角色，不仅陪酒，还要小心翼翼以俏令机词取悦于他们，博他们开心。一次因故得罪了一位“节帅”，便被“下放”到军营去充当军妓。不得不献诗以求宽恕，诗曰：

闻道边城苦，今来到始知。
羞将门下曲，唱与陇头儿。

黠虏犹违命，烽烟直北愁。
却教严谴妾，不敢向松州。

松州那儿的军营，地近吐鲁番；“陇头儿”，下级军官也；“门下曲”，自然是下级军官们指明要她唱的黄色小调。第二首诗的后两句，简直已含有泣求的意味儿。

因诗名而服官政的高骈，镇川时理所当然地占有过薛涛。元稹使蜀，也理所当然地占有过薛涛。不但理所当然地占有，还每每在薛涛面前颐指气使地摆起才子和监察使的架子，而薛涛只有忍气吞声自认卑下的份儿。若元稹一个不高兴，薛涛便又将面临

“下放”军营之虞。于是只得再献其诗以重博好感。某次竟献诗十首，才哄元稹稍悦。元稹高兴起来，便虚与委蛇，许情感之“空头支票”，承诺将纳薛涛为妾云云。

且看薛涛献元稹的《十离诗》之一《鹦鹉离笼》：

陇西独自一孤身，飞来飞去上锦茵。
都缘出语无方便，不得笼中再唤人！

“锦茵”者，妓们舞蹈之毯；“出语无方便”，说话不讨人喜欢耳；那么结果会怎样呢？就连在笼中取悦地叫一声主人名字的资格都丧失了。

在这样一种难维自尊的人生境况中，薛涛也只有“不结同心人，空结同心草”；也只有“但娱春日长，不管秋风早”；也只有“唱到白苹洲畔曲，芙蓉空老蜀江花！”……

如果说薛涛才貌绝佳之年也曾有过什么最大的心愿，那么便是元稹娶她为妾的承诺了。论诗才，二人其实难分上下；论容颜，薛涛也是极配得上元稹的。但元稹又哪里会对她真心呢？娶一名官妓为妾，不是太委屈自己才子加官僚的社会身份了吗？尽管那等于拯救薛涛出无边苦海。元稹后来是一到杭州另就高位，便有新欢，从此不再关心薛涛之命运，连封书信也无。

且看薛涛极度失落的心情：

揽草结同心，将以遗知音。
春愁正断绝，春鸟复哀吟。

薛涛才高色艳年纪轻轻时，确也曾过了几年“门前车马半诸侯”的生活。然那一种生活，是才子们和士大夫官僚们出于满足自己的虚荣和娱乐而恩赐给她的，一时地有点儿像《日出》里的陈白露的生活，也有点儿像《茶花女》中的玛格丽特的生活。不像她们的，是薛涛这一位才华横溢的女诗人自己，诗使薛涛的女人品位远远高于她们。

与薛涛有过芳笺互赠、诗文唱和关系的唐代官僚士大夫、名流雅士，不少于二十余人。如元稹、白居易、牛僧孺、令狐楚、裴度、张籍、杜牧、刘禹锡等。

但今人从他们的诗篇诗集中，是较难发现与薛涛之关系的佐证的，因为他们无论谁都要力求在诗的史中护自己的清名。尽管在当时的现实生活中他们并不在乎什么清名不清名的，官也要当，诗也要作，妓也要狎……

与薛涛相比，鱼玄机的下场似乎更是一种“孽数”。玄机亦本良家女子，唐都长安人氏。自幼天资聪慧，喜爱读诗，及十五六岁，嫁作李亿妾。“大妇妒不能容，送咸宜观出家为女道士。在京中时与温庭筠等诸名士往还颇密。”其诗《赠邻女》，作于被员外李亿抛弃之后：

羞日遮罗袖，愁春懒起妆。

易求无价宝，难得有心郎。

枕上潜垂泪，花间暗断肠。

自能窥宋玉，何必恨王昌。

从此，觅“有心郎”，乃成玄机人生第一大愿。既然心系此愿，自是难以久居道观。正是——“欲求三清长生之道，而未能忘解佩临枕之欢”。于是离观，由女道士而“女冠”。所谓“女冠”，亦近艺，只不过名分上略高一等。她大部分诗中，皆流露对真爱之渴望，对“有心郎”之慕求的主动性格。修辞有时含蓄，有时热烈，浪漫且坦率。是啊，对于一位是“女冠”的才女，还有比“自能窥宋玉，何必恨王昌”这等大胆自白更坦率的吗?

然虽广交名人、雅士、才子，于他们中真爱终不可得，也终未遇见过什么“有心郎”。倒是一次次地、白白地将满心怀的缠绵激情和热烈之恋空抛空撒，换得的只不过是他们的逢场作戏对她的打击。

有次，一位与之要好的男客来访，她不在家。回来时婢女绿翘告诉了她，她反疑心婢女与客人有染，严加笞审，至使婢女气绝身亡。

此时的才女鱼玄机，因一番番深爱无果，其实心理已经有几分失常。事发，问斩，年不足三十。

悲也夫绿翘之惨死！

骇也夫玄机之猜祸！

《全唐诗》纳其诗四十八首，仅次于薛涛，几乎首首皆佳，诗才不让薛涛。

更可悲的是，生前虽与温庭筠情诗唱和频繁，《全唐诗》所载温庭筠全部诗中，却不见一首温回赠她的诗。而其诗中“如松匪石盟长在，比翼连襟会肯迟”句，成了才子与“女冠”之亲密接触的大讽刺。

在诗才方面，与薛涛、鱼玄机三璧互映者，当然便是李冶了。她“美姿容，善雅谑，喜丝弦，工格律。生性浪漫，后出家为女道士，与当时名士刘长卿、陆羽、僧皎然、朱放、阎伯钧等人情意相投”。

玄宗时，闻一度被召入宫。后因上书朱泚，被德宗处死。也有人说，其实没迹于安史之乱。

冶之被召入宫，毫无疑问不但因了她的多才多艺，也还得幸于她的“美姿容”。宫门拒丑女，这是常识，不管多么地才艺双全。入宫虽是一种“荣耀”，却也害了她。倘她的第一种命运属实，那么所犯乃“政治罪”也。即使其命运非第一种，是第二种，想来也肯定地凶多吉少；一名“美姿容”的小女子，且无羽庇护，在万民流离的战乱中还会有好的下场吗？

《全唐诗》中，纳其诗十八首，仅遗于世之数。冶诗殊少绮罗香肌之态，情感真切，修辞自然。今我读其诗，每觉下阕总是比上阕更好。大约因其先写景境，后陈心曲，而心曲稍露，便一向能拨动读者心弦吧。所爱之句，抄于下：

溢城潮不到，夏口信应稀。
唯有衡阳雁，年年来去飞。

其盼情诗之殷殷，令人怜怜不已。以“潮不到”之对“信应稀”，可谓神来之笔。又如：

远水浮仙棹，寒星伴使车。
因过大雷岸，莫忘八行书。

郁郁山木荣，绵绵野花发。
别后无限情，相逢一时说。

驰心北阙随芳草，极目南山望旧峰。
桂树不能留野客，沙鸥出浦谩相逢。

……薛涛也罢，鱼玄机也罢，李冶也罢，她们的人生主要内容之一，总是在迎送男人。他们皆是文人雅士、名流才子。每有迎，那一份欢欣喜悦，遍布诗中；而每送，却又往往是泥牛入海，连她们殷殷期盼的“八行书”都再难见到。然她们总是在执着而又迷惑地盼盼盼，思念复思念，“才下眉头，却上心头”。

唐代女诗人中“三璧”之名后，要数关盼盼尤须一提了。她的名，似乎可视为唐宋两代女诗人女词人们的共名——“盼盼”，其名苦也。

关盼盼，徐州妓也，张建封纳为妾。张殁，独居鼓城故燕子楼，历十余年。白居易赠诗讽其未死。盼盼得诗，注曰：“妾非不能死，恐我公有从死之妾，玷清范耳。”乃和白诗，旬日不食而卒。

那么可以说，盼盼绝食而亡，是白居易以其大诗人之名压迫的结果。作为一名妾，为张守节历十余年，原本不关任何世人什么事，更不关大诗人白居易什么事。家中宠着三妻四妾的大诗人，却竟然作诗讽其未死，真不知是一种什么样的心理使然。

其《和白公诗》如下：

自守空楼敛恨眉，形同春后牡丹枝。
舍人不会人深意，讶道泉台不去随。

遭对方诗讽，而仍尊对方为“白公”“舍人”，也只不过还诗略作“舍人不会人深意”的解释罢了。此等宏量，此等涵养，虽卑为妓、为妾，实在白居易们之上也！而《全唐诗》的清代编辑者们，却又偏偏在介绍关盼盼时，将白居易以诗相嘲致其绝食而死一节，白纸黑字加以注明，真有几分“盖棺定论”，不，“盖棺定罪”的意味。足见世间自有公道在，是非曲直，并不以名流之名而改而变！

且将以上四位唐代杰出女诗人们的命运按下不复赘言，再说那些同样极具诗才的女子们，命善者实在无多。

如步非烟——“河南府功曹参军之妾，容质纤丽，善秦声，好文墨。邻生赵象，一见倾心。始则诗笺往还，继则逾垣相从。周岁后，事泄，惨遭笞毙。”

想那参军，必半老男人也。而为妾之非烟，时年也不过二八有余。倾心于邻生，正所谓青春恋也。就算是其行该惩，也不该当夺命。活活鞭抽一纤丽小女子至死，忒狠毒也。

其生前《赠赵象》诗云：

相思只恨难相见，相见还愁却别君。
愿得化为松上鹤，一双飞去入行云。

正是，爱诗反为诗祸，反为诗死。

唐代的女诗人们命况悲楚，宋代的女词人们，除了一位李清照，因是名士之女，又是太学士之妻，摆脱了为姬、为妾、为婢、为妓的“粉尘”人生而外，她们十之七八亦皆不幸。

如严蕊——营妓，“色艺冠一时，间作诗词，有新语，颇通古今”。

宋时因袭唐风，官僚士大夫狎妓之行甚糜。故朝廷限定——地方官只能命妓陪酒，不得有私情，亦即不得发生肉体上的关系。官场倾轧，一官诬另一官与蕊“有私”，诛连于蕊，被拘入狱，备加棰楚。蕊思己虽身为贱妓，“岂可妄言以污士大夫”，拒做伪证。历两月折磨，委顿几死。而那企图使她屈打成招的，非别个，乃因文名而服官政的朱熹是也。后因其事闹到朝廷，朱熹改调别处，严蕊才算结束了牢狱之灾，刑死之祸。时人因其舍身求正，誉为“妓中侠”。宋朝当代及后代词家们，皆公认其才仅亚薛涛。

“不是爱风尘，似被前缘误”之名句，即出严蕊《卜算子》中。

如吴淑姬——本“秀才女，慧而能诗，貌美家贫，为富室子所占有，或诉其奸淫，系狱，且受徒刑”。

其未入狱前，因才色而陷狂蜂浪蝶们的追猎重围。入狱后，一批文人雅士前往理院探之。时冬末雪消，命作《长相思》词。稍一思忖，捉笔立成：

烟霏霏，雨霏霏，雪向梅花枝上堆，春从何处回？醉眼开，睡眼开，疏影横斜安在哉，从教塞管催。

如朱淑真、朱希真都是婚姻不幸终被抛弃的才女。二朱中又以淑真成就大焉，被视为是李清照之后最杰出的女诗人。坊间相传，她是投水自杀的。

如身为营妓而绝顶智慧的琴操，在与苏东坡试作参禅问答后，年华如花遂削发为尼。在妓与尼之间，对于一位才女，又何谓稍强一点儿的人生出路呢？

如春娘——苏东坡之婢。东坡竟以其换马。春娘责曰：“学士以人换马，贵畜贱人也！”口占一绝以辞：

为人莫作妇人身，百般苦乐由他人。
今日始知人贱畜，此生苟活怨谁嗔！

文人雅士名流间以骏马易婢，足见春娘美婢也。

这从对方交易成功后沾沾自喜所作的诗中便知分晓：

不惜霜毛雨雪蹄，等闲分付赎娥眉，
虽无金勒嘶明月，却有佳人捧玉卮。

以美婢而易马，大约在苏东坡一方，享其美已足厌矣。而在对方，也不过是又得了一名捧酒壶随侍左右的漂亮女奴罢了。春娘下阶后触槐而死。

如温琬——当时京师士人传言：“从游蓬岛宴桃源，不如一见温仲圭。”而太守张公评之曰：“桂枝若许佳人折，应作甘棠女状元。”虽才可作女状元，然身为妓。

其《咏莲》云：

深红出水莲，一把藕丝牵。
结作青莲子，心中苦更坚。

其《书怀》云：

鹤未远鸡群，松梢待拂云。
凭君视野草，内自有兰薰。

字里行间，鄙视俗士，虽自知不过一茎“野草”，而力图保持精神灵魂“苦更坚”“有兰薰”的圣洁志向，何其令人肃然！命运大异其上诸才女者，当属张玉娘与申希光。玉娘少许表兄沈佺为妻，后父母欲攀高门，单毁前约。悒病而卒。玉娘乃以死自誓，亦以忧卒。遗书请与同葬于枫林。其《浣溪沙》词，字句呈幽冷萧瑟之美，独具风格。云：

玉影无尘塞雁来，绕庭荒砌乱蛩哀，凉窥珠箔梦初回。
压枕离愁飞不去，西风疑负菊花开，起看清秋月满台。

月娘不仅重情宁死，且是南宋末世人皆公认之才女。卒时年仅十八岁。

申屠希光则是北宋人，十岁便善词，二十岁嫁秀才董昌。后一方姓权豪，垂涎其美，使计诬昌重罪，杀昌至族。灭门诛族之罪，大约是被诬为反罪的吧？于是其后求好于希光，伊知其谋，乃佯许之，并乞葬郎君及遭诛族人，密托其孤于友，怀利刃往，是夜刺方于帐中，诈为方病，呼其家人，先后尽杀之。斩方首，祭于昌坟，亦自刎颈而亡。

其《留别诗》云：

女伴门前望，风帆不可留。
岸鸣蕉叶雨，江醉蓼花秋。
百岁身为累，孤云世共浮。
泪随流水去，一夜到闽州。

申屠希光肯定是算不上一位才女的了，但“岸鸣蕉叶雨，江醉蓼花秋”，亦堪称诗词中佳句也。

唐诗巍巍，宋词荡荡。观其表正，则仅见才子之文采飞扬；雅士之舞文弄墨；大家之气吞山河；名流之流芳千古。若亦观其背反，则多见才女之命乖运舛，无可奈何地随波逐流。如柳宗元词句所云：“似花还似非花，也无人惜，凭散坠。”更会由衷地叹服她们那一种几乎天生的与诗与词的通灵至慧，以及她们诗品的优美，词作的灿烂。

我想，没有这背反的一面，唐诗宋词断不会那般的绚丽万端，瑰如珠宝吧?

我的意思不是一种衬托的关系。不，不是的。我的意思其实是——未尝不也是她们本身和她们的才华，激发着、滋润着、养育着那些以唐诗、以宋词而在当时名噪南北，并且流芳百代的男人们。

背反的一面以其凄美，使表正的一面的光华得以长久地辉耀不衰；而表正的一面，又往往直接促使背反的一面，令其凄美更凄更美。

当然，有些男性诗人词人，其作是超于以上关系的。如杜甫，如辛弃疾等。

但以上表正与背反的关系，肯定是唐诗宋词的内质量状态无疑。

所以，我们今人欣赏唐诗宋词时，当想到那些才女们，当对她们必怀感激和肃然。仅仅有对那些男性诗人词人们的礼赞，是不够的。尽管她们的名字和她们的才华，她们的诗篇和词作，委实是被埋没和漠视得太久太久了。

这一唐诗宋词之现象，是很中国特色的一种文化现象。清朝因是少数民族统治的朝代，与古代汉文化的男尊女卑没有直接的瓜葛，所以《全唐诗》才会收入了那么多姬、妾、婢、妓之诗。若由唐朝的文人士大夫们自选自编，结果怎样，殊难料测也……

百年文化的表情

千年之交，回眸凝睇，看中国百余年文化云涌星驰，时有新思想的闪电，撕裂旧意识的阴霾；亦有文人之呐喊，儒士之捐躯；有诗作檄文，有歌成战鼓；有鲁迅勇猛所掷的投枪，有闻一多喋血点燃的《红烛》；有《新青年》上下求索强国之道，有“新文化运动”势不两立的摧枯拉朽……

俱往矣!

历史的尘埃落定，前人的身影已远，在时代递进的褶皱里，百余年文化积淀下了怎样的质量？又向我们呈现着怎样的“表情”？

弱国文化的“表情”，怎能不是愁郁的？怎能不是悲怆的？怎能不是凄楚的？

弱国文人的文化姿态，怎能不迷惘？怎能不《彷徨》？怎能不以其卓越的清醒，而求难得之“糊涂”？怎能不以习惯了的温声细语，而拚作斗士般的仰天长啸？

当忧国之心屡遭挫创，当同类的头被砍太多，文人的遁隐，也就是自然而然的了。

倘我们的目光透过百年，向历史的更深远处回望过去，那么遁隐的选择，几乎也是中国古代文人的“时尚”了。

那么我们就不能不谈《聊斋志异》了。之所以要越过百年先论此书，实在因为它是我最喜欢的文言名著之一。也因近百年中国文化的扉页上，分明染着蒲松龄那个朝代的种种混杂气息。

蒲公笔下的花精狐魅、鬼女仙姬，几乎皆我少年时梦中所恋。

《聊斋志异》是出世的。

蒲松龄的出世是由于文人对自己身处当世的嫌恶。他对当世的嫌恶又由于他仕途的失意。倘他仕途顺遂、富贵命达，我们今人也许——就无《聊斋志异》可读了。

《聊斋志异》又是入世的，而且入得很深。

蒲松龄背对他所嫌恶的当世，用四百九十余篇小说，为自己营造了一个较适合他那一类文人之心灵得以归宿的“拟幻现世”。美而善的妖女们所爱者，几乎无一不是他那一类文人。自从他开始写《聊斋志异》，他几乎一生浸在他的精怪故事里，几乎一生都在与他笔下那些美而善的妖女眷爱着。

但毕竟的，他背后便是他们嫌恶的当世，所以那当世的污浊，漫过他的肩头，淹向着他的写案——故《聊斋志异》中除了那些男人们梦魂萦绕的花精狐魅，还有《促织》《梦狼》《席方平》中的当世丑类。

《聊斋志异》乃中国古代文化“表情”中亦冷亦温的“表情”。他以冷漠对待他所处的当世；他将温爱给予他笔下那些花狐鬼魅……

《水浒传》乃中国百年文化前页中最为激烈的“表情”。由于它的激烈，自然被朝廷所不容，列为禁书。它虽产生于元末明初，所写虽是宋代的反民英雄，但其影响似乎在清末更大，预示着“山雨欲来风满楼”……

而《红楼梦》，撇开缠绵悱恻的爱情故事的主线，读后确给人一种盛极至衰的挽亡感。

此外还有《儒林外史》《官场现形记》《二十年目睹之怪现状》《老残游记》《孽海花》——构成着百年文化前页的谴责“表情”。

《金瓶梅》是中国百年文化前页中最难一言评定的一种“表情”。如果说它毕竟还有着反映当世现实的重要意义，那么其后所产生的不计其数的所谓“艳情小说”，散布于百年文化的前页中，给人，具体说给我一种文化在沦落中麻木媚笑的“表情”印象……

百年文化扉页的“表情”是极其严肃的。

那是一个中国近代史上出政治思想家的历史时期。在这扉页上最后一个伟大的名字是孙中山。这个名字虽然写在那扉页的最后一行，但比之前列的那些政治思想家们都值得纪念。因为他不仅思想，而且实践，而且几乎成功。

于是中国百年文化之“表情”，其后不但保持着严肃，并在相当一个时期内是凝重的。

于是才会有“五四”，才会有“新文化运动”。

“新文化运动”是中国百年文化“表情”中相当激动相当振奋相当自信的一种“表情”。

鲁迅的作家“表情”在那一种文化“表情”中是个性最为突出的。《狂人日记》振聋发聩；“彷徨”的精神苦闷跃然纸上；《阿 Q 正传》和《坟》，乃是长啸般的“呐喊”之后，冷眼所见的深刻……

“白话文”的主张，当然该算是“新文化运动”中的一个事件。倘我生逢那一时代，我也会为“白话文”推波助澜的。但我不太会是特别激烈的一分子，因为我也那么地欣赏文言文的魅力。

“国防文学”和“大众文学”之争论，无疑是近代文学史上没有结论的话题。倘我生逢斯年，定大迷惘，不知该支持鲁迅，还是该追随“四条汉子”。

但是于革命的文学、救国的文学、大众的文学而外，竟也确乎另有一批作家，孜孜于另一种文学，对大文化进行着另一种软性的影响——比如林语堂（他是我近年来开始喜欢的）、徐志摩、张爱玲……

他们的文学，仿佛中国现代文学“表情”中最超然的一种“表情”。

甚至，还可以算上朱自清。

从前我这一代人，具体说我，每以困惑不解的眼光看他们的文学。怎么在国家糟到那种地步的情况之下还会有心情写他们那一种闲情逸致的文学?

现在我终于有些明白——文学和文化，乃是有它们自己的“性情”的，当然也就会有它们自己自然而然的“表情”流露。表面看起来，作家和文化人，似乎是文学和文化的“主人”，或曰“上帝”。其实，规律的真相也许恰恰相反。也许——作家们和文化人们，只不过是文学和文化的“打工仔”。只不过有的是“临时工”，有的是“合同工”，有的是“终生聘用”者。文学和文化的“天性”中，原有愉悦人心，仅供赏析消遣的一面。而且，是特别“本色”的一面。倘有一方平安，文学和文化的“天性”便在那里施展。

这么一想，也就不难理解林语堂在他们处的那个时代与鲁迅相反的超然了；也就不会非得将徐志摩清脆流利的诗与柔石《为奴隶的母亲》对立起来看而对徐氏不屑了；也就不必非在朱自清和闻一多之间确定哪一个更有资格入史了。当然，闻一多和他的《红烛》更令我感动，更令我肃然。

历史消弭着时代烟霭，剩下的仅是能够剩下的小说、诗、散文、随笔——都将聚拢在文学和文化的总“表情”中……

繁荣在延安的文学和文化，是中国自有史以来，气息最特别的文学和文化，也是百年文化“表情”中最纯真烂漫的“表情”——因为它当时和一个最新最新的大理想连在一起。它的天真烂漫是百年内前所未有的。说它天真，是由于它目的单一；说它烂漫，是由于它充满乐观……

新中国成立后，前十七年的文学和文化“表情”是“好孩子”式的。偶有“调皮相”，但一遭眼色，顿时中规中矩。

“文革”中的文学和文化“表情”是面具式的，是百年文化中最做作最无真诚可言的最讨厌的一种“表情”。

“新时期文学”的“表情”是格外深沉的。那是一种真深沉。它在深沉中思考国家，还没开始自觉地思考关于自己的种种问题……

20 世纪 80 年代后期的文学和文化“表情”是躁动的，因为中国处在躁动的阶段……

20 世纪 90 年代前五年的文化“表情”是“问题少年”式的。

20 世纪 90 年代后五年的文化“表情”是一种“自我放纵”乐在其中的“表情”。

据我想来，在以后的三五年中，中国当代文学和文化，将会在“自我放纵”的过程中渐渐“性情”稳定。归根结底，当代人不愿长期地接受喧嚣浮躁的文学和文化局面。

归根结底，文学和文化的主流品质，要由一定数量一定质量的创作来默默支撑，而非靠一阵阵的热闹及其他……

情形好比是这样的——百年文化如一支巨大的“礼花”，它由于受潮气所侵而不能至空一喷，射出满天灿烂，花团似锦；但其断断续续喷出的光彩，毕竟辉辉烁烁照亮过历史，炫耀过我们今人的眼目。而我们今人是这“礼花”的最后的“内容”……

我们的努力喷射恰处人类的千年之交。

当文学和文化已经接近着自由的境况，相对自由了的文学和文化还会奉献什么？又该是怎样的一种“表情”？什么是我们自己该对自己要求的质量?

新千年中的新百年，正期待着回答……

评论的尺度

在我的理解之中，评论其实并非是一件事，而是既相似又具有显然区别的两件事——相对于文学艺术，尤其如此。

评说之声，可仅就一位文学艺术家的单独的作品而发；而议论文，则就要在消化与一位文学艺术家的或一类文学艺术现象的诸多种文学艺术创作的资料之后，才可能有的放矢。

打一个有几分相似又不是特别恰当的比喻——评像是医学上的单项诊断；而论像是全身的体检报告。

比如，倘我们仅就张艺谋《英雄》言其得失，那么我们只不过是在评《英雄》，或表述得更明确一些，评张艺谋执导的商业大片《英雄》；而倘若我们仅就《英雄》发现自诩为“张艺谋论”的看法，那么，结果恐怕是事与愿违的。因为张艺谋执导的电影既有《英雄》之前的《秋菊打官司》和《一个都不能少》等，又有《英雄》之后的《千里走单骑》等。

以上自然是文学艺术之评论的常识，本无须赘言的。我强调二者的区别，乃是为了引出下面的话题，即我的学生们经常对我提出的一个我和他们经常共同面临的问题——文学艺术的评论有标准吗？如果有，又是些怎样的标准？被谁确定为标准的？他们凭什么资格确定那样一些标准？我们为什么应该以那样一些标准作为我们对文学艺术进行评论的标准？如果不能回答以上问题，那么是否意味着所谓文学艺术的评论，其实并没有什么应该遵循的可称之为“正确”的标准？果真如此的话，评论之现象，岂不成了一件原本并没有什么标准，或曰原则，实际上只不过是每一个评论者自说自话的无意义之事了吗？是啊，你说你的，我说我的，没有判断对错的尺度放在那儿，还评个什么劲儿论个什么劲儿呢？这样的话语，人还非说它干吗呢？

我的第一个回答是：尺度确乎是有的。标准或曰原则也确乎是有的。只不过，评有评的尺度、标准、原则；论有论的尺度、标准、原则。而论是比评更复杂的事，因而也需对那尺度、标准和原则，心存较全面的而非特别主观的偏见。

我的第二个回答是：人们看待自然科学的理念是这样的——世界是物质的；物质是运动的；运动是有规律的；规律是可以认知和掌握的。

我想，人们看待文学艺术，不，文学和艺术的理念，当然同样——世界不仅是物质的，而且也是文化的（包括文学和艺术）；文学和艺术体现为人类最主要的文化现象，是不断进行自身之调衡、筛选及扬弃的；其内容和形式乃是不断丰富，不断创新的；文学和艺术古往今来的这一过程，也毕竟总是有些规律可循的；遵循那些规律，世人是可以发乎自觉的，表现能动性也梳理并提升各类文学和艺术的品质的；而评和论的作用，每充分贯穿于以上过程之中……

学生们要求说：老师哎，你的话说来说去还是太抽象，能不能谈得更具体一点儿呢？我思忖片刻，只得又打比方。

我说：亲爱的同学们，人来到世上，不管自己是否是一个与文学和艺术形成职业关系的人，他或她其实都与文学和艺术发生了一个与世人和两个口袋的关系。两个口袋不是指文学和艺术——而是指一个本已包罗万象，内容极为丰富又极为芜杂的口袋，人类文化的口袋和一个起初空空如也的，自己这一生不可或缺的，如影随形的自给自足的纯属个人的文化的口袋。这一个口袋对于大多数世人绝不会比钱包还重要。只不过像一个时尚方便的挎包。有最好，没有其实也无所谓的。但是对于一个与文学和艺术形成了热爱的进而形成了职业之关系的人，个人的文化之口袋的有或无，那一种重要性就意义极大，非同小可了。

这样的一个人，他往往是贪婪的。贪而不知餍足。一方面，他知道人类的文化的口袋里，对自己有益的好东西太多了。这使他不断地将手伸入进去往外抓取。对于他，那都是打上了前人印章的东西，抓取到了放入自己的文化口袋里，那也不能变成自己的。既然不能变成自己的，抓取对于他就没有什么特殊意义。而要想变成自己的，那就要对自己抓取在手的进行一番辨识，看究竟值不值得放入自己的口袋。他或她依据什么得出值与不值的结论呢？第一，往往要依据前人的多种多样的看法，亦即前人的评和论。第二，要依据自己的比较能力。可以这么说，在比较文学和比较艺术的理论成为理论之前，一个与文学和艺术发生了亲密关系的人，大抵已相当本能地应用着比较之法了。比较文学和比较艺术的理论，只不过总结了那一种比较的本能经验，使本能之经验理论化了。第三，本人的文化成长背景也起着不容忽视的暗示作用。但我们后人实在是应该感激先人。没有先人们作为遗产留下了多种多样的评和论，以及丰富多彩的文学和艺术的作品，那么我们将根本无从参考，也无从比较。

我们与文学和艺术发生了亲密关系的人，不仅仅是些只知一味从人类的文化口袋里贪婪地抓取了东西往自己的文化口袋里放的人。我们这种人的特征，或曰社会义务感，决定了我们还要使自己的文化口袋变成为文学和艺术的再生炉。也就是说，我们取之于哪一个口袋，我们就要还之于哪一个口袋。抓取了创作成果之营养的，要还之以创作的成果。抓取了评的或论的成果之营养的，要还之以同样的成果。谁不许我们还都不行。这是我们这类人实现自我价值的唯一方式。我们这类人的一切欣慰，全都体现在所还的质量方面。社会以质作为我们的第一考评标准，其次是量。而在我们这种人，大多数情况乃是——没有一定的量的实践，真是不太会自然而然提交的。一生一部书一幅画一次演出留芳千古的例子，并不是文学史和艺术史上的普遍现象，而是个别的例子……

同学们：老师，你扯得太远了，请直接说出评的尺度和论的尺度！既然您刚才已经言之凿凿地说过有！

梁晓声：亲爱的同学们，耐心点儿，再耐心点。现在，让我告诉你们那尺度都是什么：

第一，和平主义。

第二，审美价值。

第三，爱的情怀。

第四，批判之精神，亦曰文化的道义担当之勇气。

第五，以虔诚之心确信，以上尺度是尺度，以上原则是原则；并以文学的和艺术的眼光，看以上诸条，是否在文学的和艺术的作品中，得到了文学性的和艺术性的或传统的或创新的或深刻的或激情饱满的发挥。总而言之，将要创作什么？为什么创作？怎样与创作结合起来进行评和论？

同学们：老师啊老师，您说的那算是些什么尺度啊！太老生常谈了！半点儿新观念也没有哇！听起来根本不像在谈文学和艺术，倒像是在进行道德的说教！

梁晓声：诸位，少安毋躁。我只不过才说了我的话的一半。

我希望你们日后在进行文学的文艺的评或论的时候，头脑里能首先想到两个主义，一个方法。它们都是你们常挂在嘴边上动辄夸夸其谈的，但是我认为你们中其实少有人真的懂得了那是两个什么样的主义，一个什么样的方法。

第一个主义叫作解构主义。这个主义说白了就是“拆散”一番的主义。也不是主张对一切都“拆散”了之，而是主张在“拆散”之后重新来发现价值。我们都知道的，世上有些事物，有些现象，初看起来，具有某种价值似的，一旦“拆散”，于是了无可求。证明看起来形成印象的那一种价值，原本就是一种虚炫的价值。而还有些事物或现象，是不怕“拆散”的，也是经得住“拆散”的。即使被“拆散”了，仍具有人难以轻弃的价值。比如一个崭新的芭比娃娃或一艘老式战舰。芭比娃娃是经不起一拆的。拆了就只不过一地纤维棉和一地布片。不是芭比娃娃没有它自己的价值，而是强调它的价值一定在它是一个芭比娃娃时才具有。但一艘战舰，即使被拆了，钢铁还有不可忽略的价值。以战舰对比芭比娃娃，太欠公平了。那么就说是一只老式的罗马表“解构”了，也许会发现小部件与小部件之间所镶的钻石。而芯内的钻石，只有在“解构”之后才会被人眼看到。一把从前的玻璃刀也是那样。刀头上的钻石的价值是不应被轻易否定的。故我希望你们明白——这世上确乎存在着连解构主义也对之肃然的事物或现象。凡是解构主义解构来解构去，甚或轻易根本不敢对之实行解构的特别稳定的价值，它若体现在文学或文艺之中了，评和论都要首先予以肯定。连这个态度都丧失了的评和论，就连客观公正也首先丧失了。所以我再说一遍，凡解构主义最终无法解构得了无可取代的价值取向，皆可作评和论的尺度。我刚才举到的只不过是我所重视的，自然非是全部。

第二个主义是存在主义。一谈到存在主义，有人就联想到了那样一句话——“凡存在的，即合理的。”在这一句话中，“合理”是什么意思呢？非是指合乎人性情理，也非是指伦理学方面的道理，而是指逻辑学上的因果之理。即其因在焉，其果必存。某些评或论，不究其因，只鞭其果，不是有思想有见识的评和论。所以我希望同学们，发表否定之声的时候，当先自问——那原因我看到了没有？倘看到了，又不敢说，那就干脆缄口，什么都别说了。当老师的人，每顾左右而言其他，圆滑也。圆滑非是评和论的学问或经验，是大忌也，莫学为好。存在主义是评论具有社会批判性的文学和文艺的不可或缺的一种尺度。

现在我们该谈谈那一种方法了。非它，比较之法而已。所谓“比较文学”，即应用比较之法认识文学品质的一种方法。不比较，难鉴别。这是常识。老百姓买东西，还往往货比三家呢。

这一种方法，自评论之事产生，其实一贯为人用也。但那是一种本能性的方法之应用，并未被上升为理论。由经验而理论，只不过是上一个世纪才有的事。一切之人，面对文学或文艺，忽觉有话要说，头脑中那第一反应是什么反应呢？最初的资讯反应而已。民间夸邻家的女孩儿漂亮，怎么说？——呀，这丫头，俊得像……于是夸者联想到了嫦娥；而你们今天，会联想到某某明星、模特。一个人头脑里所储存的资讯越丰富，评起来论起来就越自信。而自信的评和论，与不自信的评和论的区别乃在于——前者之言举一反三，后者却每每只能一味地说："我觉得……"因为除了自己的"觉得"，几乎再就说不出别的什么。所以同学们要多读，多看，使自己关于文学和文艺的资讯背景渐渐厚实起来，以备将来从事与评和论的能力有联系的职业……

最后我要说的是——或言我要作一番解释：我虽仅只大略地归纳了五条尺度，其实它们包含着互相贯通的内在结构。比如在我这儿，想象力的魅力，也是一种类。故《西游记》依我之眼来看，首先是美的文学。《白蛇传》更是古今中外极美之例也。而牺牲精神、正义行为，尤其是美的。故在我这儿，连《赵氏孤儿》都是美的。爱的情怀，当然也不仅仅指男女之爱。《汤姆叔叔的小屋》，大爱之作品也。《雷霆大兵》的主题是什么呢？可不可以说是枪林弹雨之中的人类爱的大情怀的诠释呢？而在批判之精神的感召下，近二百年来，古今中外曾产生了多少优秀的文学和文艺啊！

我的结束语是：将解构主义当成棍棒横扫一切的评和论的现象，是对解构主义不得要领的"二百五"的现象。以"存在的，即合理的"为盾牌，专门做某些显而易见的文化垃圾的卫士的人，犯的乃是理解力方面的低级错误。如果我们正确领会了以上两种主义，再加上善于运用比较之法，则定会在评和论这两件事中，提高自己，有益他人。归根结底，评和论的尺度即不但有，而且是需郑重对待的。

第四章

文明意味着什么

文明的尺度

某些词汇似乎具有无限丰富的内涵，因而人若想领会它的全部意思并非一件简单的事情。比如宇宙，比如时间。不是专家，不太能说清楚。即使听专家讲解，没有一定常识的人，也不太容易真的听明白。但在现实生活之中，却仿佛谁都知道宇宙是怎么回事，时间是怎么回事。

为什么呢？因为宇宙和时间作为一种现象，或曰作为一种概念，已经被人们极其寻常化地纳入一般认识范畴了。大气层以外是宇宙空间。一年十二个月，一天二十四小时，每小时六十分钟，每分钟六十秒。

这些基本的认识，使我们确信我们生存于怎样的一种空间，以及怎样的一种时间流程中。这些基本的认识对于我们很重要，使我们明白作为单位的一个人其实很渺小，“飙乎若微尘”。也使我们明白，“人生易老天难老”，时间即上帝，人类应敬畏时间对人类所做的种种之事的考验。由是，我们的人生观价值观大受影响。

对于普通的人们，具有如上的基本认识，足矣。

“文明”也是一个类似的词。

东西方都有关于“文明”的简史，每一本都比霍金的《时间简史》厚得多。世界各国，也都有一批研究文明的专家。

一种人类的认识现象是有趣也发人深省的——人类对宇宙的认识首先是从对它的误解开始的，人类对时间的概念首先是从应用的方面来界定的。而人类对于文明的认识，首先源于情绪上、心理上，进而是思想上、精神上对于不文明现象的嫌恶和强烈反对。当人类宣布某现象为第一种“不文明”现象时，真正的文明即从那时开始。正如霍金诠释时间的概念是从宇宙大爆炸开始。

文明之意识究竟从多大程度上改变了并且还将继续改变我们人类的思想方法和行为方式，这是我根本说不清的。但是我知道它确实使别人变得比我们自己可爱得多。

20 世纪 80 年代我曾和林斤澜、柳溪两位老作家访法。一个风雨天，我们所乘的汽车驶在乡间道路上。在我们前边有一辆汽车，从车后窗可以看清，内中显然是一家人。丈夫开车，旁边是妻子，后座是两个小女儿。他们的车轮扬起的尘土，一阵阵落在我们的车前窗上。而且，那条曲折的乡间道路没法超车。终于到了一个足以超车的拐弯处，前边的车停住了。开车的丈夫下了车，向我们的车走来。为我们开车的是法国外交部的一名翻译，法国青年。于是他摇下车窗，用法语跟对方说了半天。后来，我们的车开到前边去了。

我问翻译："你们说了些什么？"

他说，对方坚持让他将车开到前边去。

我挺奇怪，问为什么。

他说，对方认为，自己的车始终开在前边，对我们太不公平。对方说，自己的车始终开在前边，自己根本没法儿开得心安理得。

而我，默默地，想到了那法国父亲的两个小女儿。她们必从父亲身上受到了一种教育，那就是——某些明显有利于自己的事，并不一定真的是天经地义之事。

隔日我们的车在路上撞着了一只农家犬。是的，只不过是"碰"了那犬一下。只不过它叫着跑开时，一条后腿稍微有那么一点儿瘸，稍微而已。法国青年却将车停下了，去找养那只犬的人家。十几分钟后回来，说没找到。半小时后，我们决定在一个小镇的快餐店吃午饭，那法国青年说他还是得开车回去找一下，说要不，他心里很别扭。是的，他当时就是用汉语说了"心里很别扭"五个字。而我，出于一种了解的念头，决定陪他去找。终于找到了养那条犬的一户农家，而那条犬已经若无其事了。于是郑重道歉，主动留下名片、车号、驾照号码……回来时，他心里不"别扭"了。接下来的一路，又有说有笑了。

我想，文明一定不是要刻意做给别人看的一件事情。它应该首先成为使自己愉快并且自然而然的一件事情。正如那位带着全家人旅行的父亲，他不那么做，就没法儿“心安理得”。正如我们的翻译，不那么做就“心里很别扭”。

中国也大，人口也多，百分之八九十的人口，其实还没达到物质方面的小康生活水平，负面的社会现象，决定了我们中国人的文明，只能从底线上培养起来。20世纪初，全世界才十六亿多人口。而现在，中国人口只略少于一百年前的世界人口而已。

所以，我们不能对我们的同胞在文明方面有太脱离实际的要求。无论我们的动机多么良好，我们的期待都应搁置在文明底线上。而即使在文明的底线上，我们中国人一定要改变一下自己的方面也是很多的。比如袖手围观溺水者的挣扎，其乐无穷，这是我们的某些同胞一向并不心里“别扭”的事，我们要想法子使他们以后觉得仅仅围观而毫无营救之念是“心里很别扭”的事。比如随地吐痰，当街对骂，从前并不想到旁边有孩子，以后人人应该想到一下的。比如中国之社会财富的分配不公，难道是天经地义的吗？我们听到了太多太多堂而皇之天经地义的理论。当并不真的是天经地义的事被说成仿佛真的是天经地义的事时，上公共汽车时也就少有谦让现象，随地吐痰也就往往是一件大痛其快的事了。

中国不能回避一个关于所谓文明的深层问题，那就是——文明概念在高准则方面的林林总总的“心安理得”，怎样抵消了人们寄托于文明底线方面的良好愿望？

我们几乎天天离不开肥皂，但肥皂反而是我们说得最少的一个词；“文明”这个词我们已说得太多，乃因为它还没成为我们生活内容里自然而然的事情。

这需要中国有许多父亲，像那位法国父亲一样自然而然地体现某些言行……

人性似水

天地之间，百千物象，无常者，水也；易化者，水也；浩渺广大无边际者，水也；小而如珠如玑甚或微不可见者，水也。

人性似水。

一壶水沸，遂蒸发为汽，弥漫满室，削弱干燥；江河湖海，暑热之季，亦水汽若烟，成雾，进而凝状为云，进而作雨。雨或霏霏，雨或滂沱，于是电闪雷鸣，每有霹雳裂石、断树、摧墙、轰亭阁；于高空遇冷，结晶成雹；晨化露，夜聚霜……总之一年四季，十二个月二十四节气，雨、雪、霜、雹、露、冰、云、雾，无不变形变态于水；昌年祸岁，也往往与水有着密切的关系。乌云翻滚，霓虹斜悬，盖水之故也；碧波如镜，水之媚也；狂澜巨涛，水之怒也；瀑乃水之激越；泉乃水之灵秀；溪显水性活泼；大江东去一日千里，水之奔放也。

人性似水。

水在地上，但是没有什么力量也没有什么法术可以将它限制在地上。只要它“想”上天，它就会自由自在地随心所欲地升到天空进行即兴的表演。于是天空不宁。水在地上，但是没有什么力量也没有什么法术可以将它限制在地上。只要它“想”入地，即使针眼儿似的一个缝隙，也足可使它渗入到地下溶洞中去。这一缝隙堵住了，它会寻找到另一缝隙。针眼儿似的一个缝隙太小了吗？水将使它渐渐变大。一百年后，起先针眼儿似的一个缝隙已大如斗口大如缸口。一千年后，地下的河或地下的潭形成了。于是地藏玄机。除了水，世上还有什么东西能像水一样在天空、在地上、在地底下以千变万化的形态存在呢？

人性似水。

我们说“造物”这句话时，头脑之中首先想到的是“上帝”，或法力仅次于“上帝”的什么神明。但“上帝”是并不存在的，神明也是并不存在的。起码对如我一样的无神论者们而言是不存在的。水却是实在之物。以我浅见，水即“上帝”。水之法力无边，水绝对当得起“造物”之神。动物加植物，从大到小，从参天古树到芊芊小草，从蜗蚁至犀象，总计百余万科目、种类，哪一种哪一类离得开水居然能活呢？哪一种哪一类离开了水居然还能继续它们物种的演化呢？地壳的运动使沧海变成桑田，而水却使桑田又变成了沧海。坚硬的岩石变成了粉末，我们认为那是风蚀的结果。但风是怎样形成的呢？不消说，微风也罢，罡风也罢，可怕的台风、飓风、龙卷风也罢，归根结底，生成于水。风只不过是水之子。“鬼斧神工”之物，或直接是水的杰作，或是水遣风完成的。连沙漠上也有水的幻象——风将水汽从湿润的地域吹送到沙漠上，或以雨的形态渗入很深很深的沙漠底层，在炎日的照射之下，水汽织为海市蜃楼……

人性似水。

水真是千变万化的。某些时候，某种情况下，又简直可以说是千姿百态的。鸟瞰黄河，蜿蜿逶逶，九曲八弯，那亘古之水看去竟是那么的柔顺，仿佛是一条即将临产的大蛇，因了母性的本能完全收敛其暴躁的另面，打算永远做慈爱的母亲似的。那时候那种情况下，它真是恬静极了，能使我们关于蛇和蟒的恐怖联想也由于它的柔顺和恬静而改变了。同样是长江，在诗人和词人们的笔下又竟是那么的不同。“万里长江飘玉带，一轮明月滚绣球”，意境何其浩壮幽远而又妙曼啊！“乱石穿空，惊涛拍岸，卷起千堆雪”，却又多么的气势险怵，令人为之屏息啊！人性亦然，人性亦然。人性之难以一言而尽，似天下之水的无穷变化。

人性似水。人性确乎如水啊！

水成雾；雾成露；一夜雾浓，晨曦中散去，树叶上，草尖上，花瓣上，都会留下晶莹的露珠。那是世上最美的珠子。没有任何另外一种比它更透明，比它更润洁。你可以抖落在你掌心里一颗，那时你会感觉到它微微的沁凉。你也能用你的掌心掬住两颗、三颗，但你的手掌比别人再大，你也没法掬住更多了。因为两颗露珠只消轻轻一碰，顷刻就会连成一体。它们也许变成了较大的一颗，通常情况下却不再是珠子；它们会失去珠子的形状，只不过变成了一小汪水，结果你再也无法使它们还原成珠子，更无法使它们分成各自原先那么大的两颗珠子。露珠虽然一文不值，却有别于一切司空见惯的东西。你可以从河滩上捡回许许多多自己喜欢的石子，如果手巧，还可以将它们粘成各种好看的形状。但你无法收集哪怕是小小的一碟露珠占为私有。无论你的手多么巧，你也无法将几颗露珠串成首饰链子，戴在颈上或腕上炫耀于人。这就是露珠的品质，它们看去都是一样的，却根本无法收集在一起，更无法用来装饰什么，甚至企图保存一整天也不是一件容易之事。你只能欣赏它们。你唯一长久保存它们的方式，就是将它们给你留下的印象“摄录”在记忆中。

露珠如人性最细致也最纯洁的一面，通常体现在女孩儿和少女们身上。我的一位朋友曾告诉我，有次她给她的女儿讲《卖火柴的小女孩儿》，她那仅仅四岁的女儿泪流满面。那时的人家里还普遍使用着火柴。从此女孩儿有了收集整盒火柴的习惯，越是火柴盒漂亮的她越珍惜，连妈妈用一根都不允许。她说等她长大了，要去找到那卖火柴的小女孩儿并且将自己收集的火柴全都送给她。她仅仅四岁，还听不明白在那一则令人悲伤的故事中，其实卖火柴的小女孩儿已经冻死。是的，这一种露珠般的人性，几乎只属于天真的心灵。

人性似水。

山里的清泉和潺潺小溪，如少男和少女处在初恋时期的人性。那是人自己对自己实行的第一次洗礼。人一生往往也只能自己对自己实行那么一次洗礼。爱在那时仿佛圣水，一尘不染；人性第一次使人本能地理解什么是“忠贞”。哪怕相爱着的两个人一个字也不认识，从没听谁讲解过“忠贞”一词。关于性的观念在现代的社会已然“解放”，人性在这方面也少有了动人的体现。但是某些寻找宝物似的一次次在爱河中浮上潜下的男人和女人，除了性事的本能的驱使又是在寻找什么呢？也许正是在寻找那如清泉和小溪一般的人性的珍贵感受吧？

静静的湖泊和幽幽的深潭，如成年男女后天形成的人性。我坦率地承认二者相比我一向亲近湖泊而畏避深潭。除了少数的火山湖，更多的湖是由江河的支流汇聚而成的，或是由山雪融化和雨后的山洪形成的。经过了湍急奔泻的阶段，它们终于水光清漪波平如镜了。倘还有苇丛装点着，还有山廓作背景，往往便是风景。那是颇值得或远或近地欣赏的。通常你只要并不冒失地去试探其深浅，它对你是没有任何危险的。然而那幽幽的深潭却不同。它们往往隐蔽在大山的阴暗处，在阳光不易照耀到的地方。有时是在一处凸着的山喙的下方，有时是在寒气森森潮湿滴水的山洞里。即使它们其实并没有多么深，但看上去它们给人以深不可测的印象。海和湖的颜色一般是发蓝的，所以望着悦目。江河哪怕在汛季浑浊着，却是我常见的，对它们有一种熟悉的感觉。然而潭确乎不同，它的颜色看去往往是黑的。你若掬起一捧，它的水通常也是清的。然而还入潭中，又与一潭水黑成一体了。潭水往往是凉的，还往往是很凉很凉的。除了在电影里出现过片段，在现实生活中偏喜在潭中游泳的人是不多的。

事实上与江河湖海比起来，潭尤其对人没什么危害。历史上没有过任何关于潭水成灾的记载，而江河湖海泛滥之灾全世界每年到处发生。我害怕潭可能与异怪类的神话有关。在那类神话中，深潭里总是会冷不丁地跃出狰狞之物，将人一爪捕住或一口叼住拖下潭去。潭每使我联想到人性“城府”的一面。“城府”太深之人不见得便一定是专门害人的小人。但是在这样的人的心里，友情一般是没有什么位置的。正义感公道原则也少有。有时似乎有，但最终证明，还是没有。那给你错误印象的感觉，到头来本质上还是他的“城府”。如潭的人性，其实较少体现在女人身上。“城府”更是男人的人性一面。女人惯用的只不过是心计。但是有“城府”的男人对女人的心计往往一清二楚，他只不过不动声色，有时还会反过来加以利用，以达到自己的目的。

一切水都在器皿中。盛装海洋的，是地球的一部分。水只有在蒸发为气时，才算突破了局限它的范围，并且仍存在着。

盛装如水的人性的器皿是人的意识。人的意识并非完全没有任何局限。但是它确乎可以非常之巨大，有时能盛装得下如海洋一般广阔的人性。如海洋的人性是伟大的人性，诗性的人性，崇高的人性。因为它超越了总是紧紧纠缠住人的人性本能的层面，使人一下子显得比地球上任何一种美丽的或强壮的动物都高大和高贵起来。如海洋的人性不是由某一个人的丰功伟绩所证明的。许多伟人在人性方面往往残缺。具有如海洋一般人性的人，对男人而言，一切出于与普罗米修斯同样目的而富有同样牺牲精神的人，皆是。不管他们为此是否经受过普罗米修斯那一种苦罚。对女人而言，南丁格尔以及一切与她一样心怀博爱的她的姐妹，也皆是。

如水的人性亦如水性那般没有长性。水往低处流这一点最接近着人性的先天本质。人性体现于最自私的一面时，于人永远是最自然而然的。正如水往低处流时最为“心甘情愿”。一路往低处流着的水不可能不浑浊。汪住在什么坑坑洼洼的地方还会从而成为死水，进而成为腐水。社会谴责一味自私自利着的人们时，往往以为那些人之人性一定是卑污可耻并快乐着的。而依我想来，人性长期处于那一种状态未必真的有什么长期的快乐可言。引向高处之水是一项大的工程。高处之水比之低处之水总是更有些用途，否则人何必费时费力地偏要那样？大多数人之人性，未尝不企盼着向高处升华的机会。当然那高处非是尼采的“超人”们才配居住的高处。那种“高处”算什么鬼地方？人性向往升华的倾向是文化的影响。

在一个国家或一个民族里，普遍而言，一向的文化质量怎样，一向的人性质量便大抵怎样。一个男人若扶一个女人过马路，倘她不是偶然跌倒于马路中央的漂亮女郎，而是一个蓬头垢面破衣烂衫的老妪，那么他即使没有听到一个谢字，他也会连续几天内心里充满阳光。他会觉得扶那样一个老妪过马路时的感觉，挺好。与费尽心机勾引一个女郎并终于如愿以偿的感觉大为不同，是另一种快活。如水的人性倒流向高处的过程，是一种心灵自我教育的过程。但是人既为人，就不可能长期地将自己的人性自筑水坝永远蓄在高处。那样一来人性也就没了丝毫的快乐可言。因为人性无论于己还是于他人，都不是为了变成标本镶在高级的框子里。

真实的人性是俗的。是的，人性本质上有极俗的一面。一个理想的社会和与之相适应的文化不该是这样的一把剪刀——以为可以将一概人之人性极俗的一面从人心里剪除干净；而是明白它，认可它，理解它，最大限度地兼容它；同时，有不俗的文化在不知不觉之中吸引和影响我们普遍之人的人性向上，而不一味地“流淌”到低洼处从而一味地不可救药地俗下去……

我们俗着，我们可以偶尔不俗；我们本性上是自私自利的，我们可以偶尔不自私自利；我们有时心生出某些邪念，我们也可以偶尔表现高尚一下的冲动；我们甚至某时真的堕落着了，而我们又是可以从堕落中自拔的……我们至死还是没有成为一个所谓高尚的人，有道德的人，脱离了低级趣味的人；但是检点我们的生命，我们确曾有过那样的时候，起码确曾有过那样的愿望……

人性似水，我们实难决定水性的千变万化。

但是水啊，它有多么美好的一些状态呢！

人性也可以的。

而不是不可以——一个社会若能使大多数人相信这一点，那么这个社会就开始是一个人文化的社会了……

报复的尺度

不唯人有报复心，较高级的动物也是有的。

然而动物之报复，不论对同类，对包括人在内的另类，绝对只不过是愤怒的宣泄，满足于一口咬死而已。它们有时也会继续攻击报复对象的尸体，甚而吃掉。那当然是很血腥很恐怖的场面，但对于报复对象而言，痛苦与恐惧毕竟在起初致命的一咬几咬之后，已经结束。从没听说过这样的事情——一只或一群动物，在报复另一只或一群动物时，将它们咬得半死，然后蹲卧一旁，听它们哀号，看它们痛苦万状，而达到享受的极大快感。

是的，动物断不会这样。

而某些人会这样。

就此点而言，真不知该说是人比动物高级，还是比动物残忍。

不，不，恐怕我们不得不承认，我们的同类即某些人的报复行为，显然证明人性中具有远比兽性更凶残的方面。“人面兽心”“蛇蝎心肠”“禽兽不如”这样一些形容词，稍一深想，其实在人兽之间是颠倒是非的。“禽兽不如”改为“禽兽莫及”，反倒恰当。

人对禽兽之报复，大抵也往往能控制在一个有限的尺度，手段并不至于多么的残忍。倘猛禽凶兽伤了人自己或他的亲友，人对它们的报复，不过就是得手之际，杀死完事。

例如，《水浒传》中的李逵，对老娘是何等的孝心，可高高兴兴地下山接母，为老娘寻水去的一会儿工夫，不料双目失明的老娘已被一窝猛虎吃掉。那李逵，斯时该是何等的悲伤，何等的愤怒，但也不过就是将一窝四只大小老虎杀死了之。以他的勇猛，将其中一只杀个半死，再加以细细地折磨，并非完全做不到的事。

然而他却没有。

故李逵虽也曾在与官军交战中杀人不眨眼，但我们并不因而斥其“惨无人道”。

但人对人的报复，有时竟异乎寻常地残忍。

最典型的例子，是一个女人对另一个女人的报复——吕后对戚夫人一次次所下的毒手。她先是命人打得戚夫人皮开肉绽、体无完肤，之后命人挖掉戚夫人双眼，豁开戚夫人脸腮，割下戚夫人舌头。再之后，砍掉戚夫人四肢，将其抛入猪圈，使其生不如死，死亦不能。还要给戚夫人起一个供观赏的名叫“人彘”。还要带自己的儿子来一起参观。以至于那年轻的皇帝看得心惊胆战，连道：“非人所为，非人所为！”——所为者虽是生母，也不禁要予以道义的谴责。

似乎，正是因为这一《史记》情节后来被改成了戏剧，搬上了舞台，看的人多了，中国以后有了“最毒不过妇人心”一句话。分明，此话是男人们先说开的。

一个人类社会的真相乃是，就总体而言，世上大多数残忍之事，皆是由男人们做下的。那些残忍之事中的许多，是男人们对女人们做下的。吕后的所为，当属个案。做残忍的事须有铁石般的心肠。大多数女性身上，同时具有母性之特征。而母性是与残忍相对立的。

故基本上可以这么说，比动物更残忍的，主要是男人。

古代种种连听来也令人毛骨悚然的酷刑，皆是男人们发明的，由男人们来实施的。男人们看着受刑之人，可以做到面不改色心不跳。鲁迅曾夜读记载古代酷刑的书，仅看数页便即掩卷，骇然于那林林总总的残忍。

人有报复心，本身并不多么地值得谴责。倘竟无，那么人也就成“圣”、成“佛”了。说穿了，以法律的名义判罪犯刑期，乃至死刑，便是人类社会对坏人、罪大恶极之人实行公开、公正之惩罚的方式。惩罚者，报复也。然人类社会进入文明时期以后，司法过程是绝对禁止用刑的。纵使对坏人恶人，一旦用刑，那也是知法犯法、执法犯法，同样要受法律制裁。

报复的尺度，折射着人类文明的尺度。

美国大兵虐待伊拉克犯人的丑闻之所以是丑闻，正在于那种种与报复心理有关的行径，违背了人类文明的尺度。

人类很早很早的时候，就已经开始相当严肃地思考报复之尺度的问题了。比如在《希腊神话故事》中，特洛伊城下成为战场，两军交战中，特洛伊城的卫城统帅赫克托耳，误将阿喀琉斯的表弟当成了阿喀琉斯本人，在一对一单挑的决斗中结果了对方。阿喀琉斯与其表弟感情深焉，于是单枪匹马叫阵赫克托耳，并在决斗中替表弟报了仇，杀死了赫克托耳。

在从古至今的战争中，这种人对人的仇怨、憎恨、报复，真是在所难免。但人类社会对此点，却也以“人道”的名誉做出了种种约定俗成的尺度限制。报复一旦逾越了那尺度，便要对自己的不人道负责。在这类尺度还未以法理之观念确立之前，人类便借助神的名义来告诫。这种文化现象，体现在《希腊神话故事》中。

还以赫克托耳与阿喀琉斯为例，后者杀死前者，报复目的其实已经达到，但却还要用剑将赫克托耳的脚踝扎出洞来，穿过绳索，拖尸数圈，以使在城头观战的赫克托耳的老父亲、妻子和弟弟等一概亲人伤心欲绝——这，便逾越了报复的尺度。

《希腊神话故事》中是这样记载的——阿喀琉斯的行为，触怒了包括太阳神阿波罗和众神之王宙斯在内的几乎所有神。他们一致认为，阿喀琉斯必须因他的行为而受到严厉惩罚。宙斯还命阿喀琉斯的母亲水神连夜去往她儿子的营帐，告知她的儿子：是晚赫克托耳的老父亲一定会前来讨要尸体，而阿喀琉斯则必须毫无条件地允许——这是神们一致的态度。

所谓“人文原则”“人文主义”“人文精神”，乃是源远流长的文化现象。无论在中国古代的文学作品中还是西方古代的文学作品中，只要我们稍稍提高接受的心智水平，就可以发现古人刻意体现其中的、那种几近苦口婆心的、对我们后人的教诲。而这正是文化的自觉性、能动性、责任感之所在。有时，在同一部作品中，其善良愿望与糟粕芜杂一片，但只要我们不将自己的眼光降低到仅仅看热闹的水平，那么便是不难区别和分清的。

据此，我们当然便会认为，在《希腊神话故事》中，美狄亚的遭遇是令人同情的，美狄亚对伊阿宋的报复之念是我们理解的，但她为了达到报复目的，连自己与背叛爱情的丈夫伊阿宋所生的两个孩子竟也杀死，便逾越了报复的尺度，超出了我们普遍之人所能认同的情理范围。而这一则故事，如果我们不从这一文化立场来看，对于今天的我们便毫无认识价值了。而摈除了认识价值，那则故事的想象力本身，正如托尔斯泰所说——只不过体现了人类童年时期的想象力，并无多少可圈可点之处。

若我们以同样之眼光来看我们的古典文学名著，比如《水浒传》吧，武松替兄报仇而杀潘金莲，是谓私刑。衙门既被收买，报仇那么心切，连私刑这一种行为，我们也是可以宽容的。

但是，当一个被缚住的弱女子终于口口声声认罪、哀哀乞求饶命时，却还是要剖胸取心，我们今人都能认可吗？

武松血溅鸳鸯楼，连杀十余人之多，其中包括马夫、更夫、丫鬟。他们中有人也求饶命的，武松却一味只说："饶你不得。"

武松这一文学人物，本色固然堪称英雄，民间声誉甚高，但其愤怒之下的暴烈复仇行为，难免会使后世对他的喜爱打几分折扣。然作为文学人物，那一些情节的设置进而可以说是成功的，因为恰恰描写出了这样一种事实——报复源于仇恨，仇越大，恨便深。大仇恨促生之大愤怒，如烈火也，能将人性烧得理性全无，唯剩仇恨，一报为快。殃及无辜，全不顾耳。武松报仇雪恨之后，以仇人血于壁上题"杀人者武松也"，按现今说法，这叫对某事件"负责"。所谓"好汉做事好汉当"，又显英雄本色也。但也可以认为，一通的劈杀之后，仇恨之火终灭，理性又从仇恨的灰烬之中显现了。

民间原则、司法条例、国际法庭、联合国会议，不但为主持正义而形成，亦为限制报复行为的失控而存在。在现代世界的今天，一切历史上的人和事，以及文化现象中的人和事，都当以更"人道"的立场来重新审视。因为归根结底，一概政治的立场都绝对不可能是普世的。而人道主义是普世的将永无歧义。

是以，国民党之杀害"渣滓洞""白公馆"那些所谓"党国"的敌人，竟连几个连连哀哭着求生的孩子也不放过，其残忍的报复污点，到任何时候也是抹不尽的。

是以，"文革"期间，对张志新这一早已在狱中惨遭种种凌辱的，唯有思想而已，绝无任何反抗能力的病弱女子，竟还要在不打麻药的情况下由几条罪恶凶汉牢牢按住，利刃割喉，以断其声——这一种残忍行径，也是将永远将他们钉在罪恶柱上的……

年长者大抵知道，关于张志新烈士被害的经过，是经胡耀邦亲笔批准，才在《人民日报》扼要登载的。“割喉”一节，出于对善良之人们心灵承受力的爱护，改成：“为了使她在赴刑场的途中不再能发出声音，对她的声带采取了手段……”

难以明了的读者纷纷往报社打电话，问那究竟是什么意思，记者们难以作答。终于有人猜到了，追问再三才得到证实。那一天，成千上万的中国人哭红了哭肿了他们的双眼。没有那一天中国人流的许多许多眼泪，恐怕不足以证明中国人对“文革”这一浩劫有了起码认识。

于是想到，有些人高调聚议，要求为“四人帮”平反。那么，为“四人帮”平反，便等于最终要为“文革”翻案，便等于对当年千千万万为张志新烈士流泪的人们的蔑视。也等于，对许许多多在“文革”中被迫害致死，尤其那些被残忍地迫害致死的冤魂的再践踏。

这，恐怕仅仅以“人道”的名义，都是有起码正义感的人断不能答应的。若答应了，中国再有钱，中国人还配被这世界正眼一看吗？至于日军历史上的侵华兽行，德国法西斯军人在“二战”中的残忍罪恶，另当别论。因为这里在讨论的毕竟还是人的行为，而不是“异形”的行为……

中国人文文化的现状

我先朗诵一首台湾诗人羊令野的《红叶赋》：

我是裸着脉络来的，
唱着最后一首秋歌的，
捧出一掌血的落叶啊。
我将归向我第一次萌芽的土。
风为什么萧萧瑟瑟，
雨为什么淅淅沥沥，
如此深沉的漂泊的夜啊，
欧阳修你怎么还没有赋个完呢？
我还是喜欢那位宫女写的诗，
御沟的水啊缓缓地流，
小小的一叶载满爱情的船，
一路低吟到你跟前。

现在是一个多元化的时代，对文学的理解也以多元为好，一个人过分强调自己所理解的文学理念的话，有时可能会显得迂腐，有时会显得过于理想主义，甚至有时会显得偏激。而且最主要的是我并不能判断我的文学理念，或者说我对文学现象的认识是否接近正确。人不是越老越自信，而是越老越不自信了。这让我想起数学家华罗庚举的一个例子，他说人对社会、对事物的认识，好比伸手到袋中，当摸出一只红色玻璃球的时候，你判断这只袋子里装有红色玻璃球，这是对的，然后你第二次、第三次连续摸出的都是红色玻璃球，你会下意识地产生一个结论：这袋子里装满了红色玻璃球。但是也许正在你产生这个意识的时候，你第四次再摸，摸出一只白色玻璃球，那时你就会纠正自己："啊，袋子里其实还有白色的玻璃球。"当你第五次摸时，你可能摸出的是木球，"这袋子里究竟装着什么？"你已经不敢轻易下结论了。

我们到大学里来主要是学知识的，其实"知识"这两个字是可以，而且应当分开来理解的。它包含着对事物和以往知识的知性和识性。知性是什么意思呢？只不过是知道了而已，甚至还是只知其一，不知其二。同学们从小学到中学到高中，所必须练的其实不过是知性的能力，知性的能力体现为老师把一些得出结论的知识抄在黑板上，告诉你那是应该记住的，学生把它抄在笔记本上，对自己说那是必然要考的。但是理科和文科有区别，对理科来说，知道本身就是意义。比如说学医的，他知道人体是由多少骨骼，多少肌肉，多少神经束构成的，在临床上，知道肯定比不知道有用得多。

但是文科之所以复杂，是因为它不能仅仅停止在“知道”而已，尤其在今天这样一个资讯发达的时代。比如说我在讲电影、中外电影欣赏评论课时，就要捎带讲到中外电影史；但是在电影学院里，电影史本身已经构成一个专业，而且一部电影史可能要讲一学年。电影史就在网上，你按三个键，一部电影史就显现出来了，还需要老师拿着电影史画出重点，再抄在黑板上吗？

因此我讲了两章以后，就合上书了。我每星期只有两堂课，对同学来说，这两堂课是宝贵的，我恐怕更要强调识性。我们知道了一些，怎样认识它？又怎样通过我们的笔把我们的认识记录下来，而且这个记录的过程使别人在阅读的时候，传达了这种知识，并且产生阅读的快感？本学期开学以来，同学们都想让我讲创作，但是我用了三个星期六堂课的时间讲“人文”二字。大家非常惊讶，都举手说：“人文我懂啊，典型的一句话就够了——以人为本。”你能说他不知道吗？如果我问你们，你们也会说“以人为本”；如果下面坐的是政府公务员，他们也知道以人为本；若是满堂的民工，只要其中一些是有文化的，他也会知道人文就是以人为本。那么我们大学学子是不是真的比他们知道得更多一点呢？除了以人为本，还能告诉别人什么呢？

如果我们看一下历史，三万五千年以前，人类还处在蒙昧时期，那时人类进化的成就无非就是认识了火，发明了最简单的工具武器。但是到五千年前的时候已经很不一样了，出现了城邦的雏形，农业的雏形，有一般的交换贸易，而这时只能叫文明史，不能叫文化史。

文化史，在西方至少可以追溯到公元前三千五百年，那时出现了楔形文字。有文字出现的时候才有文化史，然后就有了早期的文化现象。从公元前三千五百年再往前的一千年内，人类的文化都是神文化，在祭祀活动中，表达对神的崇拜；到下个一千年的时候，才有一点人文化的痕迹，也仅仅表现在人类处于童年想象时期的神和人类相结合生下的半人半神人物传说。那时的文化，整整用一千年时间才能得到一点点进步。

到公元前五百年时，出现了伊索寓言。我们在读《农夫和蛇》的时候，会感觉不就是这么一个寓言吗？不就是说对蛇一样的恶人不要有恻隐吗？甚至我们会觉得这个寓言的智慧性还不如我们的“杯弓蛇影”，不如我们的“掩耳盗铃”和“此地无银三百两”。我们之所以会有这种想法，是因为我们不能把寓言放在公元前五百年的人类文化坐标上来看待。公元前五百年出现了一个奴隶叫伊索，我个人认为这是人类第一次人文主义的体现。想一想，公元前五百年的时候，有一个奴隶通过自己的思想力争取到了自己的自由，这是人类史上第一个通过思想力争取到自由的记录。伊索的主人在世的时候曾经问过他：“伊索，你需要什么？”伊索说：“主人，我需要自由。”他的主人那时不想给伊索自由。伊索内心也不知道自己能不能获得，他经常扮演的角色也只不过是主人有客人来时，给客人讲一个故事。伊索通过自己的思想力来创造故事，他知道若做不好这件事情，他决然没有自由；做好了，可能有自由，也仅仅是可能。当伊索得到自由的时候，已经四十多岁了，他的主人也快死了，在临死前给了伊索自由。

当我们这样来看伊索、伊索寓言的时候，我们会对这件事，会对历史心生出一种温情和感动。这就是后来为什么人文主义要把自由放在第一位的原因。在伊索之后才出现的苏格拉底、柏拉图、亚里士多德，师生三位都强调过阅读伊索的重要性。我个人把它确立为人类文明史中相当重要的人文主义事件。还有耶稣出现之前，人类是受上帝控制的，上帝主宰我们的灵魂，主宰我们死后到另一个世界的生存。但是到耶稣时就不一样了，从前人类对神文化的崇拜（这种崇拜最主要体现在宗教文化中），到耶稣这里成为人文化，这是一种很大的进步。即使耶稣这人是虚构出来的，也表明人类在思想中有一种要摆脱上帝与自己关系的本能。耶稣是人之子，是由人类母亲所生的，是宗教中的第一个非神之“神”。我们要为自己创造另一个神，才发生了宗教上的讨伐。最后在没有征服成功的情况下，说：“好吧，我们也承认耶稣是耶和华的儿子。”因为流血已不能征讨人类需要一个平凡的神的思想力。

那时是人文主义的世界，我们在分析宗教的时候，发现基督教义中谈到了战争，提到如果战争不可避免，获胜的一方要善待俘虏。关于善待俘虏的话一直到今天都存在，这是全世界的共识，我们没有改变这一点，我们继承了这一点，我们认为这是人类的文明。还有，获胜的一方有义务保护失败方的妇女和儿童俘虏，不得杀害他们。这是什么？是早期的人道主义。还提到富人要对穷人慷慨一些，要关心他们孩子上学的问题，关心他们之中麻风病人的问题。后来，萧伯纳也曾谈到过这样的问题，及对整个社会的认识，认为当贫穷存在时，富人不可能像自己想象中一样过上真正幸福的日子，请想象一下，无论你富到什么程度，只要城市中存在贫民窟，在贫民窟里有传染病，当富人不能用栅栏把这些给隔离开的时候，当你随时能看到失学儿童的时候，如果那个富人不是麻木的，他肯定会感到他的幸福是不安全的。

我今天突然想到一个问题：英国、法国都有这么长时间的历史了，但我似乎从来没有接触过欧洲的文化人所写的对于当时王权的歌颂。但在孔老夫子润色过的《诗经》里，包括风、雅、颂。风指民间的，雅是文化人的，而颂就是记录中国古代的文化人士对当时拥有王权者们的称颂。这给了我特别奇怪的想法，文化人士的前身，和王权发生过那样的关系，为什么会那样？古罗马在那么早的时期已经形成了三权分立、元老院，元老院的形式还是圆形桌子，每个人都可以就关系到国家命运的事物来阐述自己的观点，并展开讨论。在那样的时候，也没有出现对屋大维称颂的诗句，而

《诗经》却存在着，因为我们那个时候的封建社会没有文明到这种程度。

被王权利用的宗教就会变质，变质后就会成为统治人们精神生活的方式，因此在 14 世纪时出现了贞洁锁、铁乳罩。当宗教走到这一步，从最初的人文愿望走到了反人性，在这种情况下出现的《十日谈》就挑战了这一点，因此我们才能知道它的意义。再往后，出现了莎士比亚、达·芬奇，情况又不一样了，我们会困惑：今天讲西方古典文学的人都会知道，莎士比亚的戏剧中充满了人文主义的气息，按照我们现在的看法，莎士比亚戏剧的主角都是帝王和贵族，如果有普通人的话，只不过是仆人，而仆人在戏剧中又常常是可笑的配角，我们怎么说充满人文主义呢？要知道在莎士比亚之前，戏剧中演的是神，或是神之儿女的故事，而到这里，毕竟人站在了舞台上，正因为这一点，它是人文的，就这么简单，针对神文化。

因此我们看到一个现象，在舞台上真正占据主角的必然是人上人，而最普通的人要进入文艺，需经过很漫长的争取，不经过这个争取，只能是配角。在同时代的一幅油画《罗马盛典》中，中间是苏格拉底，旁边是亚里士多德、阿基米德等，把所有罗马时期人类文化的精英都放在一个大的盛典里，而且是用最古典主义的画风把它画出来。在此之前人类画的都是神，神能那样地自信、那样地顶天立地，而现在人把自己的同类绘画在盛典中，这很重要，然后才能发展到16、17世纪的复兴和启蒙。我们今天看雨果作品的时候，看《巴黎圣母院》，感觉也不过是一部古典爱情小说而已，但有这样一个场面：卡西莫多被执行鞭笞的时候，巴黎的广场上围满了市民，以致警察要用他们的刀背和马臀去冲撞开人们。而雨果写到这一场面的时候是怀着嫌恶的，他很奇怪，为什么一个我们的同类在受鞭笞的时候，有那么多同类围观，从中得到娱乐？这在动物界是没有的，在动物界不会发生这样的情景：一种动物在受虐待的时候，其他动物会感到欢快。动物不是这样的，但人类居然是这样的。人文主义就是嘲弄这一点。

新中国成立以后的十几年间，由外国翻译过来的文学作品不像现在这样多，是有限的一些。一个爱读书的人无论借或怎么样，总是会把这些书都读遍的。屠格涅夫的《木木》和托尔斯泰的《午夜舞会》给我以非常深的印象。

《木木》讲的是屠格涅夫出身于贵族家庭，他的祖母是女地主。有一次他跟着祖母到庄园，看到一个高大的又聋又哑又丑的看门人。看门人已经成为仆人中地位最低的一个，没有人跟他交往。他有一只小狗叫木木，当女地主出现的时候，小狗由于第一次看到她，冲着女地主吠了两声，并且咬破了她的裙边。屠格涅夫的祖母命令把小狗处死。可想而知，那个人没有亲情、没有感情、没有友情，只有与那只小狗的感情，但他并没有觉悟到也不可能觉悟到我要反抗、我要争取等，他最后只能是含着眼泪在小狗的颈上拴了一块石头并抚摸着小狗，然后把小狗抱到河里，看着小狗沉下去。

还有托尔斯泰的《午夜舞会》，讲的是托尔斯泰那时是名军官，在要塞做中尉。他爱上了要塞司令美丽的女儿，两人已经谈婚论嫁。午夜要塞举行舞会，他和小姐在要塞的花园里散步，突然听到令人恐怖的喊叫声，原来在花园另一端，司令官在监督对一个士兵施行鞭笞。托尔斯泰对小姐说："你能对你的父亲说停止吗？惩罚有时体现一下就够了。"但是小姐不以为然地说："不，我为什么要那样做，我的父亲在工作，他在履行他的责任。"年轻的托尔斯泰请求了三次。小姐说："如果你将来成为我的丈夫，对于这一切你应该习惯。你应该习惯听到这样的喊叫声，就跟没有听到一样。周围的人们不都是这样吗？"确实周围的人们就像没有听到一样，依旧在散步，男士挽着女士的手臂是那样地彬彬有礼。托尔斯泰吻了小姐的手说："那我只有告辞了，祝你晚安！"背过身走的时候，他说："上帝啊，怎么会做这样一个女人的丈夫，不管她有多么漂亮。"这影响了我的爱情观，我想以后无论我遇到多么漂亮的女人，如果她的心地像那位要塞司令官的女儿，或者她像包法利夫人那样虚荣，她都蛊惑不了我，那就是文学对我们的影响。

我从北京大串联回来的时候，走廊里挂满了大字报。我看到我的语文老师庞盈，从厕所出来，被剃了鬼头，脸已经浮肿，一手拿着水勺，一手拿着小桶。我不是她最喜欢的学生，但我那时的反应就是退后几步，深深地鞠个躬说："庞盈老师，你好！"她愣了一下，我听到小桶掉在地上，她退到厕所里面哭了。多少年以后她在给我的信中说："梁晓声，你还记得当年那件事吗？我可一直记在心里。"这也只能是我们在那个年代的情感表达而已。那时我中学的教导主任宋慧颖大冬天在操场里扫雪，没有戴手套，并且也被剃了鬼头。我跟她打招呼，"宋老师，我大串联回来了，也不能再上学了，谢谢你教过我们政治，我给你鞠个躬。"这是我们只能做到的吧，但在那个年代这对人很重要。可能有一点点是我母亲教过我的，但是书本给我的更多一些。

正因为这样，再来看那些我从前读过的名著时，我内心会有一种亲切感。大家读《悲惨世界》的时候，如果不能把它放在那个时代的文化背景里来思考，那么我们还为什么要纪念雨果？他通过《悲惨世界》那样一些书，使人类文化中举起人文主义的旗帜。他的这些书是在流亡的时候写的，连巴黎的洗衣女工都舍得掏钱来买。书里面写的冉·阿让，完全可以成为杀人犯的；里面最重要的话语就是当米里艾主教早晨醒来的时候，一切都不见了，唯一的财产也被偷走了。而米里艾主教说："不是那样的，这些东西原本就是属于他们的。穷人只不过把原本属于他们的东西从我们这里拿走了。没有他们根本就没有这些。银盘子是经过矿工、银匠的手才产生的。"这思想就是讲给我们众多的公仆听的。正因为雨果把他的思想放在作品里面，一定会对法国的国家公仆产生影响，我们为此而纪念他。人道精神能使人变得高尚，这让我们今天读它的时候知道它的价值。

我们在看当下的写作的时候，会做出一种判断，那就是我们的作品中缺什么？也就是以我的眼来看中国的文化中缺什么？我们经常说，我们在经济方面落后于西方多少年，我们要补上这个课，要补上科技的一课，要补上法律意识的一课，也要补上全民文明素质的一课。但是你们听说过我们也要补上文化的一课吗？好像就文化不需要补课。这是多么奇怪，难道我们的文化真的不需要补课吗？

五四时期我们进行人文主义启蒙的时候，西方的人文主义已经完成了它的任务。也就是说我们的国家进行初期人文启蒙的时候，西方的文化正处于现代主义思潮的时期。他们现在可以为文学而文学，为艺术而艺术，为形式而形式，甚至可以说他们可以玩一下文学、玩一下文艺，因为文学已经达到了它的最高值。我们不会理解现代主义，因为我们从来没有完成过。尽管五千年中我们的古人也说过很多话，其中比较有名的如“民为贵，君为轻，社稷次之”。这时人文到了一种很高的境界，可它没有在现实中被实践过。当我们国家陷入深重灾难的时候，西方已经在思考后人文了，关于和平主义，关于进一步民主，关于环保主义，关于社会福利保障。

前几年我认识了一个德国博士生古思亭，中文名字非常美。

外国人能把汉语学成这样的程度是相当不易的。那天一位中国同学请她吃饭，当时在一个小餐馆里，那位同学说这个地方不安全，打算换个地方。走到半路，古思亭对她说："要是面好了，而我们却走了，这是很不礼貌的。我得赶紧回去把钱交了。"从中我们可以看出人文到底在哪里。

人文在高层面关乎国家的公平、正义，在最朴素的层面，我个人觉得，人文不体现在学者的论文里，也不要把人文说得那么高级，不要让我没感觉到"你不说我还听得清楚，你一说我反而听不明白了"。其实人文就在我们的寻常生活中，就在我们人和人的关系中，就在我们人性的质地中，就在我们心灵的细胞中，这些都是文化教养的结果，这也是我们学文化的原动力，而且是我们传播文化的一种使命。

我最后献给大家一首诗：

我是不会变心的／大理石／雕成塑像／铜／铸成钟／而我／是用真诚锻造的／假使／我破了／碎了／那一片片／也还是／忠诚。

拒做儒家思想的优秀生

文化是一个内涵极其广泛极其丰富的概念。我想仅就中国文化中的思想现象，而且主要是关于国家、民族、民主和知识分子们亦即古代文人们与权力、权势关系的某些思想现象，向诸位汇报我自己的一点儿浅薄之见。

夏朝是中国历史上第一个传说和古人追述之中的朝代，始于公元前 2070 年，距今四千余年了。商朝是中国第一个有文字记载的朝代，那么商朝应该说是中国真正意义上的思想史、文化史的端点。其后一概思想现象，皆由此端点发散而存。到了公元前 500 年左右，就应该是春秋战国时代了，那是一个大动荡、“大改组”的历史阶段，统治权分分合合、合合分分，可谓波澜壮阔。也许正是因为那样一种局面，促使和刺激中国古代的思想者们积极能动地思考统一与统治的谋略。他们相互辩论，取长补短，力争使各自的思想更加系统、成熟，具有说服力。那是中国古代思想者们自发贡献思想力的现象，后人用“诸子百家”来形容。而孔子当之无愧地成为那一时期的思想家。

以当时而谈，孔子们的思想确乎是博大精深的。政治、军事、经济、民生、文化、风俗、人和自然、家庭、人以及自身的关系，如生老病死，我们古代的思想家们当时都想到了。

我们的古代思想家们，是特别重视思想美感的，这一点是非常值得我们后人学习的。比如“天道酬勤”“天行健，君子以自强不息；地势坤，君子以厚德载物”这一句古代名言，道理并不深奥，但与天与地进行了修辞联系，语境宏大开阔，不仅具有思想美感，而且具有极为亲和的说服力。因为其修辞暗示显然是——且不论你能否做到，只要你愿意接受此思想，你仿佛就已经是君子了。而是君子的感觉，当然是人人都愿有的令人愉快的感觉。正确的思想，以美的语言或文字来传播，才更有利于达到其教化作用。我们古代的思想家们，不但重视思想力的美感，分明还深谙并尊重接受心理学。

看我们的当下，有些官员的话语，即使在宣传很正确的思想时，也往往是令人打瞌睡的，有时甚至是令人极其反感的。他们宣传思想的语言表达能力是难以令人恭维的，缺乏形象生动的词汇，仿佛一旦撇开人人耳朵都听出老茧来了的那一套“政治常用词”，便不会以自己的语言来表达了。还每以一种高高在上的思想特权者的盛气凌人的语势训人，使别人感到思想压迫。

我认为，他们尤其应该向我们古代的思想家们学习。我们古代思想家们的思想，还是很精粹的。

比如“治大国若烹小鲜”这一绝妙比喻，即使从文学角度来看，也堪称佳句经典。“苛政猛于虎”，则一针见血。

我觉得，中国古代思想家们的思想遗产有如下特征：一、农耕时代以农为纲的思想；二、渴望明君贤主的抱负寄托思想；三、求稳抑变的保守主义思想，这里指的是后来成为历朝历代主流思想的儒家思想，法家思想现象另当别论；四、道德理想主义思想；五、文人实现个人功利前途的特质；六、唯美主义的思想力倾向。

总而言之，中国古代思想家或思想力这一概念，同时也必然是封建时代思想家和思想力的概念。既然是封建时代的，再博大再精深，那也必然具有封建时代的杂质，存在有服务于封建秩序的主观性。所以，我个人绝不是所谓“传统文化思想”的崇拜者。中国古代思想家们之思想的一大兴趣点，往往更在于为帝王老师。这是我不崇拜的主要原因。好为帝王老师，难以做到在思想立场上不基本站在帝王者们一边。

当然，站在帝王身侧的一种思想立场，也往往贡献出有益于国泰民安的思想。比如孔子说：“大道之行也，天下为公，选贤与能，讲善修睦。”——这样的思想，帝王们若不爱听，其实等于自言自语。

中国古代思想家们，比较自信只要自己苦口婆心，是完全可以由他们教诲出一代代好的帝王的。

而西方古代思想现象的端点，却是从古希腊和古罗马时期发散开来的。古罗马帝国是形成过民主政体的雏形的，故在西方古代思想的成果中，“天下为公”是不需要谁教诲谁的，是人类社会的公理，像几何定义一样不必讨论。

两种端点是很不同的，所谓“种子”不一样。

帝王统治不可能完全不依靠思想力。儒家思想乃是帝王们唯一明智选择的思想力，所以他们经常对儒家思想表现出半真半假的礼遇和倚重。这就形成一种王权对社会思想的暗示——于是后来的中国知识分子，或曰中国文人，越来越丧失了思想能动力，代代袭承地争当儒家思想的优秀生，做不做帝王老师都不重要了，能否进入“服官政”的序列变得唯一重要了。当前，“儒家文化”似乎渐热，对此我是心存忧虑的。

在21世纪，对于一个正在全面崛起的泱泱大国，一味转过身去从古代封建思想家们那儿去翻找思想残片，这是极耐人寻味的。

平凡的地位

“如果在三十岁以前，最迟在三十五岁以前，我还不能使自己脱离平凡，那么我就自杀。”“可什么又是不平凡呢？”“比如所有那些成功人士。”“具体说来。”“就是，起码要有自己的房、自己的车，起码要成为有一定社会地位的人吧？还起码要有一笔数目可观的存款吧？”“要有什么样的房，要有什么样的车？在你看来，多少存款算数目可观呢？”“这，我还没认真想过……”

……以上，是我和某大一男生的对话。那是一所较著名的大学，我被邀讲座。对话是在五六百人之间公开进行的。我觉得，他的话代表了不少学子的人生志向。我已经忘记了我当时是怎么回答的，然此后我常思考一个人的平凡或不平凡，却是真的。按《新华词典》的解释，平凡即普通，平凡的人即平民。《新华词典》特别在括号内加注——泛指区别于贵族和特权阶层的人。做一个平凡的人真的那么令人沮丧吗？倘注定一生平凡，真的毋宁三十五岁以前自杀吗？我明白那大一男生的话只不过意味着一种“往高处走”的愿望，虽说得郑重，其实听的人倒是不必太认真的。

我既思考了，于是觉出了我们这个社会，我们这个时代，近十年来，一直所呈现着的种种文化倾向的流弊，那就是——在中国还只不过是一个发展中国家的现阶段；在普遍之中国人还不能真正过上小康生活的情况下，中国的当代文化，未免过分“热忱”地兜售所谓“不平凡”的人生的招贴画了，这种宣扬尤其广告兜售几乎随处可见。而最终，所谓不平凡的人的人生质量，在如此这般的文化那儿，差不多又总是被归结到如下几点——住着什么样的房子，开着什么样的车子，有着多少资产，于是社会给予怎样的敬意和地位；于是，倘是男人，便娶了怎样怎样的女人……

20 世纪二三十年代的中国，也很盛行过同样性质的文化倾向，体现于男人，那时叫“五子登科”，即房子、车子、位子、票子、女子。一个男人如果都追求到了，似乎就摆脱平凡了。同样年代的西方的文化，也曾呈现过类似的文化倾向。区别乃是，在他们的文化那儿，是花边，是文化的副产品；而在我们这儿，在七八十年后的今天，却仿佛的渐成文化的主流。这一种文化理念的反复宣扬，折射着一种耐人寻味的逻辑——谁终于摆脱平凡了，谁理所当然地是当代英雄；谁依然平凡着甚至注定一生平凡，谁是狗熊。并且，每有俨然足以代表文化的文化人士和思想特别“与时俱进”似的知识分子，话里话外地帮衬着造势，暗示出更其伤害平凡人的一种逻辑那就是——一个时势造英雄的时代已然到来，多好的时代！许许多多的人不是已经争先恐后地不平凡起来了吗？你居然还平凡着，你不是狗熊又是什么呢？

一点儿也不夸大其词地说，此种文化倾向，是一种文化的反动倾向。和尼采的所谓“超人哲学”的疯话一样，是漠视，甚至鄙视和辱骂平凡人之社会地位以及人生意义的文化倾向。是反众生的。是与文化的最基本社会作用相悖的。是对于社会和时代的人文成分结构具有破坏性的。

在这样的文化背景下成长起来的中国下一代，如果他们普遍认为最迟三十五岁以前不能摆脱平凡便莫如死掉算了，那是毫不奇怪的。

人类社会的一个真相是，而且必然永远是——牢固地将普遍的平凡的人们的社会地位确立在第一位置，不允许任何意识之形态动摇它的第一位置，更不允许它的第一位置被颠覆。这乃是古今中外的文化的不二立场。当然，这里所指的，是那种极其清醒的、冷静的、客观的、实事求是的、能够在任何时代都“锁定”人类社会真相的文化；而不是那种随波逐流的、嫌贫爱富的、每被金钱的作用左右得晕头转向的文化。那种文化只不过是文化的泡沫，像制糖厂的糖浆池里泛起的糖浆沫。造假的人往往将其收集了浇在模子里，于是“生产”出以假乱真的“野蜂窝”。

文化的“野蜂窝”比街头巷尾地摊上卖的“野蜂窝”更是对人有害的东西。后者只不过使人腹泻，而前者紊乱社会的神经。

平凡的人们，即普通的人们，即古罗马阶段划分中的平民。在平民之下，只有奴隶。平民的社会地位之上，是僧侣、骑士、贵族。

但是，即使在古罗马，那个强大帝国的大脑，也从未敢漠视社会地位仅仅高于奴隶的平民。作为它的最精英的文化思想的传播者，如苏格拉底、柏拉图、亚里士多德们，他们虽然一致不屑地视奴隶为“会说话的工具”，但却不敢轻佻地发任何怀疑平民之社会地位的言论。恰恰相反，对于平民，他们的思想中有一个一脉相承的共同点——平民是城邦的主体，平民是国家的主体。没有平民的作用，没有罗马成为强大帝国的前提。

恺撒被谋杀了，布鲁图要到广场上去向平民们解释自己参与了的行为——“我爱恺撒，但更爱罗马”。

为什么呢？因为那行为若不能得到平民的理解，就不能成为正确的行为。安东尼顺利接替了恺撒，因为他利用了平民的不满，觉得那是他的机会。屋大维招兵募将，从安东尼手中夺回了摄政权，因为他调查了解到，平民将支持他。

古罗马帝国一度称雄于世，靠的是平民中蕴藏着的改朝换代的伟力。它的衰亡，也首先是由于平民抛弃了它。僧侣加上骑士加上贵族，构不成罗马帝国，因为他们的总数只不过是平民的千万分之几。

中国古代，称平凡的人们亦即普通的人们为“元元”；佛教中形容为“芸芸众生”；在文人那儿叫“苍生”；在野史中叫“百姓”；在正史中叫“庶民”。而相对于宪法叫“公民”。没有平凡的亦即普通的人们的承认，任何一国的任何宪法没有任何意义。“公民”一词将因失去了平民成分而是荒诞可笑之词。

中国古代的文化和古代的思想家们，关注并体恤“元元”们的记载举不胜举。

比如《诗经·大雅·民劳》中云：“民亦劳止，汔可小康。”意思是老百姓太辛苦了，应该努力使他们过上小康的生活。比如《尚书·五子之歌》中云：“民为邦本，本固邦宁。”意思是如果不解决好“元元”们的生存现状，国将不国。而孟子干脆说：“民为贵，社稷次之，君为轻。”而《三国志·吴书》中进一步强调：“财经民生，强赖民力，威恃民势，福由民殖，德俟民茂，义以民行。”民者——百姓也；“芸芸”也；“苍生”也；“元元”也；平凡而普通者们是也。怎么，到了今天，在改革开放的中国，在民们的某些下一代那儿，不畏死，而畏“平凡”了呢？

由是，我联想到了曾与一位“另类”同行的交谈。我问他是怎么走上文学道路的。答曰：“为了出人头地。哪怕只比平凡的人们不平凡那么一点点，而文学之路是我唯一的途径。”见我怔愣，又说：“在中国，当普通百姓实在太难。”屈指算来，十几年前的事了。十几年前，我认为，正像他说的那样，平凡的中国人，平凡是平凡着，却十之七八平凡又贫寒着，由而迷惘着。这乃是民们的某些下一代不畏死而畏平凡的症结。于是，我联想到了曾与一位美国朋友的交谈。

她问我："近年到中国，一次更加比一次感觉到，你们中国人心里好像都暗怕着什么。那是什么？"我说："也许大家心里都在怕着一种平凡的东西。"她追问："究竟是什么？"我说："就是平凡之人的人生本身。"她惊讶地说："太不可理解了，我们大多数美国人可倒是都挺愿意做平凡人，过平凡的日子，走完平凡的一生的。你们中国人真的认为平凡不好到应该与可怕的东西归在一起吗？"

我不禁长叹了一口气。我告诉她，国情不同，故所谓平凡之人的生活质量和社会地位，不能同日而语。我说你是出身于几代的中产阶级的人，所以你所指的平凡的人，当然是中产阶级的人士。中产阶级在你们那儿是多数，平民反而是少数。美国这架国家机器，一向特别在乎你们中产阶级，亦即你所言的平凡的人们的感觉。你们的平凡的生活，是有房有车的生活。而一个人只要有了一份稳定的工作，过上那样的生活并不特别难。居然不能，倒是不怎么平凡的现象了。而在我们中国，那是不平凡的人生的象征。对平凡的如此不同的态度，是两国的平均生活水平所决定了的。正如中国的知识化了的青年做梦都想到美国去，自己和别人以为将会追求到不平凡的人生，而实际上，即使跻身于美国的中产阶级了，也只不过是追求到了一种美国的平凡之人的人生罢了……

当时联想到了本文开篇那名学子的话，不禁替平凡着普通着的中国人，心生出种种的悲凉。想那学子，必也出身于寒门；其父其母，必也平凡得不能再平凡普通得不能再普通。不然，断不至于对平凡那么地慌恐。

也联想到了我十几年前伴两位老作家出访法国，通过翻译与马赛市一名五十余岁的清洁工的交谈。

我问他算是法国的哪一种人。

他说，他自然是一个平凡得不能再平凡普通得不能再普通的人。

我问他羡慕那些资产阶级吗？

他奇怪地反问为什么？

是啊，他的奇怪一点儿也不奇怪。他有一幢带花园的漂亮的二层小房子；他有两辆车，一辆是环境部门配给他的小卡车，一辆是他自己的小卧车；他的工作性质在别人眼里并不低下，每天给城市各处的鲜花浇水和换下电线杆上那些枯萎的花束而已；他受到应有的尊敬，人们叫他“马赛的美容师”。

由此，他才既平凡着，又满足着；甚而，简直还可以说活得不无幸福感。

也联想到了德国某市那位每周定时为市民扫烟囱的市长。不知德国究竟有几位市长兼干那一种活计，反正不止一位是肯定的了。因为有另一位同样干那一种活计的市长到过中国，还拜访过我。因为他除了给市民扫烟囱，还是作家。他会几句中国话，向我耸着肩诚实地说——市长的薪水并不高，所以需要为家庭多挣一笔钱。那么说时，一点儿也不觉得有什么不好意思……

马赛的一名清洁工，你能说他是一个不平凡的人吗？德国的一位市长，你能说他极其普通吗？然而在这两种人之间，平凡与不平凡的差异缩小了，模糊了。因而在所谓社会地位上，接近着实质性的平等了。因而平凡在他们那儿不怎么会成为一个困扰人心的问题。

当社会还无法满足普通的平凡的人们的基本拥有愿望时，文化的最清醒的那一部分思想，应时时刻刻提醒着社会来关注此点，而不是反过来用所谓不平凡的人们的种种生活方式刺激前者。尤其是，当普遍的平凡的人们的人生能动性，在社会转型期受到惯力的严重甩掷，失去重心而处于茫然状态时，文化的最清醒的那一部分思想，不可错误地认为他们已经不再是地位处于社会第一位置的人们了。

无论过去，现在，还是将来，平凡而普通的人们，永远是一个国家的绝大多数人。任何一个国家存在的意义，都首先是以他们的存在为存在的先决条件的。

一半以上不平凡的人皆出自平凡的人之间。

这一点对于任何一个国家都是同样的。

因而平凡的人们的心理状态，在一定程度上几乎成为不平凡的人们的心理基因。

倘文化暗示平凡的人们其实是失败的人们，这的确能使某些平凡的人们通过各种方式变成较为“不平凡”的人；而从广大的心理健康的、乐观的、豁达的平凡的人们的阶层中，也能自然而然地产生较为“不平凡”的人们。

后一种“不平凡”的人们，综合素质将比前一种“不平凡”的人们方方面面都优良许多。因为他们之所以“不平凡”起来，并非由于害怕平凡。所以他们“不平凡”起来以后，也仍会觉得自己们其实很平凡。

而一个连不平凡的人们都觉得他们其实很平凡的人们组成的国家，它的前途才真的是无量的。反之，若一个国家里有太多这样的人——只不过将在别国极平凡的人生的状态，当成在本国证明自己是成功者的样板，那么这个国家是患着虚热症的。好比一个人脸色红彤彤的，不一定是健康；也可能是肝火，也可能是结核晕。

我们的文化，近年以各种方式向我们介绍了太多太多的所谓“不平凡”的人了，而且，最终往往的，对他们的“不平凡”的评价总是会落在他们的资产和身价上。这是一种穷怕了的国家经历的文化方面的后遗症，以至于某些呼风唤雨于一时的“不平凡”的人，转眼就变成了些行径苟且的，欺世盗名的，甚至罪状重叠的人。

一个许许多多人恐慌于平凡的社会，必层出如上的“不平凡”之人。

而文化如果不去关注和强调平凡者们第一位置的社会地位（尽管他们看去很弱，似乎已不值得文化分心费神）——那么，这样的文化，也就只有忙不迭地不遗余力地去为“不平凡”起来的人们大唱赞歌了，并且在“较高级”的利益方面与他们联系在一起。于是眼睁睁不见他们之中某些人的“不平凡”之可疑。

这乃是中国包括传媒在内的文化界、思想界；包括某些精英们在内的文化界、思想界的一种势利眼病……

崇尚“曲晦”乃全社会的变态

一个国家封建历史漫长，必定拖住它向资本主义转型的后腿。比之于封建时期，资本主义当然是进步的。封建主义拖住向资本主义转型的后腿，也当然就是拖住一个国家进步的后腿。我们说中国历史悠久，其实也是在说中国的封建时期漫长。

不论对于全人类，还是对于一个国家，几千年封建社会的发展成就，怎么也抵不上资本主义社会短短一两百年的发展成就。在政治、经济、科技方面都是这样，唯在文化方面有些例外。封建历史时期，农业社会之形态，文化不可能形成产业链条，不可能带来巨大商业利益，不可能出现文化产业帝国以及文化经营寡头式的人物，故比之于资本主义及之后的文化，封建主义时期的文化反而显得从容、纯粹，情怀含量多于功利元素，艺术水准高于技术水准。

封建历史越久，封建体制对社会发展的控制力越强大。此种强大的控制力是一种强大的惰性力，不但企图拖住历史的发展，也必然异化了封建时期的文化。

而被异化了的文化的特征之一，便是“不逾矩”，不逾封建主义之“矩”。但文化的本质是自由的，它是不甘于被限制的。在限制手段严厉乃至严酷的情况下，它便不得不以“曲晦”的面孔来证明自身非同一般的存在价值，这也是全人类封建时期的文化共性。

翻开世界文化史一瞥，在每一个国家的封建时期，文化无不表现出以上两种特征——“不逾矩”与“曲晦”。越禁止文化“逾矩”，文化的某种面孔越“曲晦”。中国封建历史时期的文化面孔，这种“曲晦”的现象尤其明显。

“曲晦”就是不直接表达。就是正话反说，反话正说。以此种方式间接表达，暗讽之意味遂属必然。“文字狱”就是专门“法办”此种文化现象及文人的，有些古代文人也正是因此而被砍头甚至株连九族的，其中不乏冤案。

于是，在中国，关于诗、歌、文、戏之文化的要义，有一条便是“曲晦”之经验。仿佛不“曲晦”即不深刻，就是不文化。唯“曲晦”，才有深刻可言，才算得上文化。

《狂人日记》是“曲晦”的，所以被认为深刻、文化。《阿Q正传》中关于阿Q之精神胜利法的描写，讽锋也是“曲晦”的，当然也是深刻的，文化的。

确实深刻，确实文化。

但是若在人类已迈入21世纪的当下，一国的文化理念一如既往地崇尚“曲晦”，则其文化现象便很耐人寻味了。

而中国目前依然是这样。

在大学里，在中文课堂上，文学之作品的“曲晦”片段，几乎无一例外地成为重点分析和欣赏的内容。若教师忽视了，简直会被怀疑为人师的资格。若学子不能共鸣之，又简直证明朽木不可雕也。

“曲晦”差不多又可言为“曲笔”。倘“曲笔”甚“曲”，表意绕来绕去，于是令人寻思来寻思去，颇费猜心方能明白，或终究还是没明白，甚或蛮扭。

《春秋》《史记》皆不乏“曲笔”。但古人修史，不计正野，皇家的鹰犬都在盯视，腐败无能岂敢直截了当地记载和评论？故“曲笔”是策略，完全应该理解。

可以直截了当地表达，却偏要“曲晦”，这属文风的个性化，也可以叫追求。

不能够直截了当地表达，但也还是要表达，不表达如鲠在喉，块垒堵胸，那么只有“曲晦”，是谓无奈。

今日之中国，对某些人、事、现象，其实是可以直截了当旗帜鲜明地表明立场的。全部是奢望，“某些”却已是权利，起码是网上权利。

我虽从不上网，却也每能间接地感受到网上言论的品质和成色。据我所知，网上“曲晦”渐多。先是，“曲晦”乍现，博得一片喝彩，于是“顶”者众，传播迅而广。“曲晦”大受追捧，于是又引发效尤，催生一茬茬的“曲晦”高手，蔚然成风。不计值得“曲晦”或并不值得，都来热衷于那“曲晦”的高妙。一味热衷，自然便由“曲晦”而延伸出幽默。幽默倘不泛滥，且“黑”，乃是我所欣赏，并起敬意的。但一般的幽默，其实往往流于俏皮。语言的俏皮，也是足以享受的。如四川连降暴雨，成都处处积水，有微博曰：“白娘子，许仙真的不在成都啊！”——便俏皮得很，令人忍俊不禁。

然俏皮甚多，便往往会流于油腔滑调，流于嘻哈。语言的嘻哈，也每是悦己悦人的，但有代价，便是态度和立场的郑重庄肃，大打折扣。

故我这个不上网的人，便有了一种忧虑——担心中国人在网上的表态，不久从方式到内容到风格，渐被嘻哈自我解构，流于娱乐；而态度和立场之声，被此泡沫所淹没，形同乌有了。

我们都知道的，一个人在表态时一味嘻哈，别人便往往不将他的表态当一回事。而自己嘻哈惯了，对别人不将自己的嘻哈式表态当成一回事，也会习惯于自己不怎么当成一回子事的。

日前听邱震海在凤凰台读报，调侃了几句后，话锋一转，遂正色曰：“刚才是开玩笑，现在我要严肃地谈谈我对以下几件事的观点……”我认为，中国网民都要学学邱震海——有时郁闷之极，调侃、玩笑，往往也是某些事某些人只配获得的态度，而且是绅士态度。

但对另外一些事一些人，则需以极郑重极严肃之态度表达立场。这种时候，郑重和严肃是力量。既是每一个人的力量，也是集体的力量、自媒体的力量、大众话筒的力量。

语言还有另一种表态方式，即明白、确定、掷地有声、毫不“曲晦”的那一种表态方式。

网络自然有百般千种方便于人、服务于人、娱乐于人、满足于人的功用，但若偏偏没将提升我们中国人的公民权利意识和公民素质这一功用发挥好，据我看来，则便枉为“大众话筒”“自媒体”了。

是谓中国人的遗憾。

也是中国的遗憾。

论大学精神

各位：

我曾在《光明日报》发表过两篇文章，《论教育是诗性的事业》在先，《论大学》在后。两篇文章都是我成为北京语言大学教师之后写的。关于大学精神的一点点思索，不管是多么浅薄，其实已经由两篇文章载毕。那么，今天听汇报的一点点看法，也就只能算是浅薄者的补充发言。浅薄者总是经常有补充发言的，这一种冲动使浅薄者或有摆脱浅薄的可能。

我在决定调入大学之前，恰有几位朋友从大学里调出，他们善意地劝我要三思而行，并言——“晓声，万不可对大学持太过理想的幻感。”

而我的回答是——我早已告别理想主义。《告别理想主义》，是我五十岁以后发表的一篇小文。曾以为，告别了理想主义，我一定会活得潇洒起来，却并没有。于是每想到雨果，想到托尔斯泰。雨果终其一生，一直是一位特别理想的人道主义者。《九三年》证明，晚年的雨果，尤其是一位理想的人道主义者。而托尔斯泰，也一生都是一位特别理想的平等主义者。我认为，无论对于自己的人生还是对于自己的国家还是对于全人类社会，泯灭了甚而完全丧失了理想，那么一种活法其实是并无什么快意的。我这么认为是有切身体会的。故我接着要说——我愿大学是使人对自己，对国家，对人类的社会形成理想的所在。无此前提，所谓大学精神无以附着。1917 年 1 月 9 日，北大举行开学典礼，蔡元培先生发表著名的《就任北京大学校长之演说》；重读其演说，他对大学的理想主义情怀依然感人。

蔡先生在演说中对那时的北大学子寄以厚望，既希望北大学子砥砺德行，又希望北大学子改造社会。

他说："诸君为大学学生，地位甚高，肩此重任，责无旁贷，故诸君不惟思所以感已，更必有心励人……"

现在的情况与当年很不相同。

那时，蔡先生对大学的定义是"大学者，研究高深之学问者也"。

若以本科生而论，恕我直言，包括北大学子在内，似乎应是——大学者，通过颁发毕业文凭，诚实地证明从业能力的所在而已。

故我对"大学精神"的第二种看法是——要建立在现实主义的基础上来说道。

连大学都不讲一点儿理想，那还能到一个国家的哪儿去觅理想的踪影呢？倘若一国之人对自己的国家连点儿理想都不寄望着了，那不是很可悲吗？

如果连大学都回避现实问题种种，包括大学生就业难的问题在内，那么还到一个国家的哪儿去听关于现实的真声音呢？若大学学子渐渐地都只不过将大学视为逃避现实压力的避风港，那么大学与从前脚夫们风雪之夜投宿的大车店是没什么区别的了。

又要恪守理想，又要强调现实，岂非自相矛盾吗？

我的回答是——当今之大学，尤其是像中国这样一个人口众多，每年有数以百万计的大学学子跨出校园迈向社会的大学，其实是在为国家培养一批批思想意识上不普通，而又绝不以过普通的生活为耻的人。可现在的情况似乎恰恰反了过来，受过高等教育于是以过普通生活为耻的人很多，受过高等教育而思想意识与此前并未发生多大改变的人也很多。

如此说来，似乎是大学出了问题。

否。

我认为，一个家庭供读一名大学生，一个青年用人生最宝贵的四年乃至更长的时间就读于大学，尤其是像北大这样的大学——于是要求人生不普通一些，是完全可以理解的。社会成全他们的诉求，也是“以人为本”的体现。

在中国，普通人的生活之所以竟被视为沮丧的生活，乃是因为普通人的生活实在还是太过吃力的生活。要扭转这一点，对于一个国家而言也是很吃力的，绝非一日之功可毕。要扭转这一点，大学是有责任和使命的。然江河蒸发，而后云始布雨，间接而已。若仰仗大学提高 GDP，肯定是错误的理念。大学若不能正面地、正确地解惑大学学子之尴尬，大学本身必亦面临尴尬。

然大学一向是能够解惑人类许多尴尬的地方。大学精神于是在此过程中逐渐形成。人类之登月渴望一向停留在梦想时期，是谓尴尬。梦想变为现实，是大学培养出来的人们的功劳，也是大学的功劳。大学精神于是树立焉，曰“科学探索精神”。人类一向祈求一种相互制衡的权力关系，历经挫折也是尴尬。后在某些国家以某种体制稳定了下来，也是大学培养出来的人们的功劳，也是大学的功劳，曰“政治思想力”。

十几年前，我随中国电影家代表团访日，主人们请我们去一小餐馆用餐，只五十几平米的营业面积而已，主食面条而已。然四十岁左右的店主夫妇，气质良好，彬彬有礼且不卑不亢。经介绍，丈夫是早稻田大学历史学博士，妻子是东京大学文学硕士。他们跨出大学校门那一年，是日本高学历者就业难的一年。

我问他们开餐馆的感想，答曰：“感激大学母校，使我们与日本许多开小餐馆的人们不同。”问何以不同？笑未答。临辞，夫妇二人赠我等中国人他们所著的书，并言那只是他们出版的几种书中的一种。其书是研究日本民族精神演变的，可谓具有“高深学问”

的价值。一所大学出了胡适，自然是大学之荣光。胡适有傅斯年那样的学生，自然是教师的荣光。但，若国运时艰，从大学跨出的学子竟能像那对日本夫妇一样的话，窃以为亦可欣慰了。当然，我这里主要指的是中文学子。比之于其他学科，中文能力最应是一种难以限制的能力。中文与大学精神的关系也最为密切。大学精神，说到底，文化精神耳。

最后，我借雨果的三句话表达我对大学精神的当下理解："平等的第一步是公正。""改革意识，是一种道德意识。""进步，才是人应该有的现象。"如斯，亦即我所言之思想意识上的不普通者也……

论“苦行文化”之流弊

理念好比粘在树叶上的蝶的蛹——要么生出美丽，要么变出毛虫。

不知从什么时候开始，从报刊上繁衍着一种荒唐又荒谬的文化意识，我把它叫作“苦行文化”的意识。

其特征是——宣扬文化人及一切文艺家人生苦难的价值，并装出很虔诚很动情的样子，推行对那一种苦难的崇拜与顶礼。

曹雪芹一生只写了一部《红楼梦》，而且后来几乎是在贫病交加，终日以冻高粱米饭团充饥的情况之下完成传世名作的。

在我看来，这是很值得同情的。我一向确信，倘雪芹的命运好一些，比如有条件讲究一点饮食营养的话，那么他也许会多活十年。那么也许除了《红楼梦》，他还将为后世再多留下些文化遗产……

有些人可不是这么看问题。他们似乎认为——贫病交加和冻高粱米饭团构成的人生，肯定与世界名著之间有着某种意义重大的、必然的联系。似乎，非此等人生，便断难有经典之作……

仿佛，曹雪芹的命，既祭了文学，那苦难就不但不必同情，简直还神圣得很了。

对于凡·高，他们也是这么看的。

还有八大山人……

还有瞎子阿炳……

还有古今中外许许多多命运悲惨凄苦的文化人和文艺家……

仿佛，中国文化和文艺的遗憾，甚至唯一的遗憾仅仅在于——中国再也不产生以自己的命祭文化和艺术，并且虽苦难犹觉荣幸之至犹觉神圣之至的人物了！

这真是一种冷酷得近乎可怕的理念。也无疑是一种病态的逻辑意识。好比这样的情形——风雪之日一名工匠缩在别人的洞里一边咳血一边创作，足旁行乞的破碗且是空的，而他们看见了却眉飞色舞地赞曰："好动人哟！好伟大哟！伟大的艺术从来都是这么产生的！"要是有谁生了恻隐之心欲开门纳之，暖以衣袍，待以茶饭，我想象，他们可能还会赶紧地大加阻止，斥曰："嘟！这是干什么？尔等打算破坏真艺术的产生吗？！"

如果谁周围有这样的人士，那么请观察他们吧！于是将会发现，其实他们的言论和他们自己的人生哲学是根本相反的——他们不但绝不肯为了什么文化和文艺去蹈任何的小苦难，而且，连一丁点儿小委屈小丧失都是不肯承受的。

但他们却总是企图不遗余力地向世人证明他们的文化理念的纯洁和至高无上。证明的方式几乎永远是礼赞别的文化人和艺术家的苦难。似乎通过这一种礼赞，宣言了他们自己正实践着的一种文化和艺术的境界。而我们当然已经看透，这是他们赖以存在，并且力争存在得很滋润很优越的招数。我想，文化人和艺术家自身命运的苦难，与成就伟大的文化和伟大的艺术之间的关系，虽然有时是直接的，但并非逻辑上必然的。

鲁迅先生曾说过——“文章憎命达”。当然这话也未必始于鲁迅之口，而是引用了前人的话。这是有一定道理的。如果一个人生来有福过着王公般的生活，那么创作的冲动和刻苦，就将被富贵的日子融解了。例外是有的，但是大抵如此。

鲁迅先生在一篇小品文中也传达过这样的观点——倘人生过于不济，天才便会被苦难毁灭。不要说什么大苦大难了，就是要写好一篇短文，一般人毕竟尚需一二小时的安静。倘谁一边在写着，一边耳闻床上的孩子饥啼，老婆一边不停地让他抬脚，并一棵接一棵往他的写字桌下码白菜，那么他的短文是什么货色可想而知……

全世界一切与苦难有关的优秀的文学和艺术，优秀之点首先不在产生于苦难，而在忠实地记录了时代的苦难。纳粹集中营里根本不会产生任何文学和艺术，尽管那苦难是登峰造极的。记录只能是后来的事。“文革”十年、中国之文学和艺术几乎一片空白，不是由于当年的文学家和艺术家都幸福得不愿创作了，而是恰恰相反。

这么一想，真是心痛曹雪芹，心痛凡·高，心痛八大山人和瞎子阿炳们啊……

在他们所处的时代，倘有文化人和艺术家的人生救济基金会存在着的话，那多好啊！

还有伟大的贝多芬，我们人类真是对不起这位千古不朽的大师啊！他晚年的命运竟那么凄惨，我们今人在富丽堂皇的场所无偿地演奏大师的乐章，无偿地将他的命运搬上银幕，无偿地将他的乐章制成音带和音碟，并且大赚其钱时，如果我们居然还连他的苦难也一并欣赏，我们当代人多么地不是玩意儿呢？！

“苦行文化”的意识，是企图将文化和艺术用某种崇敬意识加以异化的意识。而这其实是比文化和艺术的商业化更有害的意识。

因为，后者只不过使文化和艺术泡沫化。成堆成堆的泡沫热热闹闹地涌现又破灭之后，总会多少留下些“实在之物”；而前者，却企图规定文化人和艺术家的人生应该是怎样的，不应该是怎样的。并且误导世人，文化人和艺术家的苦难，似乎比他们留给世人的文化遗产和艺术经典更美！起码，同样的美……

不，不是这样的。文化人和艺术家的苦难，从来不是文化和艺术必须要求他们的，也和一切世人的苦难一样，首先是人类不幸的一部分。

我这么认为……

图书在版编目（CIP）数据

中国文化的性格 / 梁晓声著．—北京：现代出版社，2018.8
ISBN 978-7-5143-7210-6

Ⅰ.①中…　Ⅱ.①梁…　Ⅲ.①中华文化—研究　Ⅳ.①K203

中国版本图书馆 CIP 数据核字（2018）第 143439 号

中国文化的性格

作　　者　梁晓声
责任编辑　张　霆　邸中兴
出版发行　现代出版社
通信地址　北京市安定门外安华里 504 号
邮政编码　100011
电　　话　010-64267325　64245264（传真）
网　　址　www.1980xd.com
电子邮箱　xiandai@vip.sina.com
印　　刷　三河市宏盛印务有限公司
开　　本　890mm×1240mm　1/32
印　　张　10.125
字　　数　189 千
版　　次　2018 年 8 月第 1 版　2019 年 1 月第 2 次印刷
书　　号　ISBN 978-7-5143-7210-6
定　　价　48.00 元